불교의 마음사상

불교의 마음사상 유식사상입문

초판 1쇄 발행 2013년 12월 30일
　　2쇄 발행 2015년 8월 20일

지은이 요코야마 고이츠(橫山紘一)
옮긴이 김용환 · 유리
펴낸이 강수걸
편집주간 전성욱
편집 손수경 권경옥 양아름 윤은미
펴낸곳 산지니
등록 2005년 2월 7일 제14-49호
주소 부산광역시 연제구 법원남로15번길 26 위너스빌딩 203호
전화 051-504-7070 | 팩스 051-507-7543
홈페이지 www.sanzinibook.com
전자우편 sanzini@sanzinibook.com
블로그 http://sanzinibook.tistory.com

ISBN 978-89-6545-234-8 94220
　　　978-89-92235-87-7(세트)

아시아총서 8

불교의 마음사상

유식사상입문

요코야마 고이츠(橫山紘一) 지음

김용환 · 유리 옮김

산지니

'오직 식 즉 마음밖에 존재하지 않는다.'라는 사상이 21세기를 맞이한 지금 갑작스럽게 각광을 받고 있다. 최고도에 도달한 물질문명 속에서 살아가는 우리 현대인들이 지금까지 소홀히 해왔던 '마음'의 소중함을 깨닫기 시작해서일 것이다.

마음만큼 자신에게 가장 가까우면서도 파악되지 않은 것이 없다. 또한 마음만큼 자신을 괴롭히고 미혹하게 하는 것도 없다. 이 불가사의한 마음을 심층에서 관찰하고 분석하여 그 비밀을 훌륭하게 해명한 것이 유식사상이다.

그것은 단순한 지식의 가르침이 아니라, 그 교리에 따라 살아간다면 자기의 마음을 심층에서 정화하여 삶을 상쾌하고 자유롭게 영위할 수 있는 실천적인 가르침이다. 이러한 유식사상의 입문을 위해 저술된 책이 『불교의 마음사상』이다.

이 책은 내가 30대일 때 집필한 초기 저작이지만 그 뒤 30여 년에 걸쳐서 계속 증판되어 현재는 30쇄가 간행되었다. 이와 같이 긴 세월에 걸쳐 판을 거듭해가며 많은 사람들에게 읽힌 이유는, 집필 당시 불교 연구와 불교수행에 전념해왔던 나의 열정이 있었기 때문이다.

이번에 이 책이 한국에서 번역, 출판되는 것은 나에게는 큰 기쁨이다. 이 책을 통해서 유식사상의 연구와 수행이 다방면에서 정진되기를 간절히 바란다. 끝으로 이 책이 한국어로 출판되는 데 힘을 써주신 강동균 선생님과 번역의 수고를 아끼지 않으신 부산대의 김용환 교수님, 유리 선생께 감사를 뜻을 표하고 싶다.

2013년

요코야마 고이츠(横山紘一)

유식사상이란 기원후 3~4세기경 인도에서 일어난 불교사상이다. 이 책은 유식사상을 처음으로 배우고자 하는 사람을 위한 입문서이다. 흔히 '유식(唯識) 3년, 구사(俱舍) 8년'이라고 해서 유식학을 마스터 하기 위해서는 3년이 걸린다고들 한다. 그러나 정확히 말하면 구사학 을 마스터한 다음에야 비로소 유식학을 이해할 수가 있기 때문에 유식 학을 완전히 해득하기 위해서는 11년이나 걸린다고 볼 수 있는데, 그 것도 매일 배우면 그만큼 걸린다는 것이다. 여하튼 이것으로 유식학이 얼마나 번쇄하며 어렵고 또한 방대한 것인가를 알 수가 있다. 따라서 유식학은 상당히 전문적으로 연구하지 않는 한, 그 진의를 이해하기가 매우 어렵다.

그렇지만 불교사상에 대한 세상 사람들의 열망이 커지고 있는 현재, 불교의 기본적 학문이라고도 할 수 있는 이 유식사상을 오로지 전문 학자들만의 독점물로 내버려둘 수는 없을 것이다. 이 책 외에도 몇몇 유식사상 개설서가 출판되고 있기는 하지만 내가 보기에는 전문용어의 나열에 불과하다는 느낌이 강하고, 일반인들이 이해하기에는 곤란한 내용도 많아 보인다. 이 책은 그런 문제를 해결하고자 초학자라도 이해할 수 있도록 가능한 한 평이한 표현을 사용해서 유식사상을 서술했다. 또 독자의 이해를 돕기 위해 가능한 한 비유나 도식을 많이 사용하려고 노력하였다.

이 책은 먼저 서론에서 유식사상을 개설하고 제1장에서 그 역사를 기술한 다음, 제2장에서 유식사상의 내용을 자세히 설명했다. 따라서 처음 유식사상을 접하는 분은 서론부터, 또 조금이라도 유식을 알고 그 사상을 더 깊이 알고자 하는 분은 제2장부터 먼저 읽을 것을 권한다.

독자 여러분이 이 책을 읽고 난해하다는 유식사상을 조금이라도 이해해주신다면 저자로서는 더할 나위 없는 기쁨이 될 것이다. 이 책을 집필함에 있어 제3문명사(第三文明社)의 야스다 노리오(安田理夫), 사사키 도시아키(佐佐木利明)의 두 분에게는 여러 가지 도움을 받았다. 여기에 감사의 뜻을 전하고자 한다.

1976년 9월

요코야마 고이츠(橫山紘一)

제2장 유식사상

1. 현상과 본질

2. 자기의 근원체-아뢰야식

서
론

‘유심(唯心)’이라는 말은 유심론이라는 철학용어를 통해서 사람들에게 어느 정도 회자되지만, 조금이나마 불교를 배운 사람을 제외하고 유식(唯識)이라는 말을 접해본 사람은 그리 많지 않을 것이다. 따라서 먼저 이 유식이라는 말의 의미부터 살펴보자.

　유식이란 글자 그대로 ‘오직 식뿐’이라는 의미이다. ‘식’이란, 광의로는 우리들의 정신활동 일반, 즉 ‘마음’을 말한다. 따라서 마음이라는 존재물 이외에는 어떠한 것도 존재하지 않는다는 것이 유식의 본래 의미이다. 우리들은 정신과 물질이라는 두 개의 존재를 설정하여 각각을 실체시한다. 그리고 자기가 감각하고 지각하는 외계의 사상(事象), 가령 산, 시냇물, 바다, 번개와 비, 나아가 자기의 육체 등은 자기의 마음을 떠나 외계에 엄연하게 실재한다고 생각한다. 산이 있기 때문에 산을 오르는 것이고, 시냇물이 있기 때문에 다리를 건너는 것이다. 자기의 육체가 있기 때문에 죽을 때까지 동일한 개인일 수 있다고 생각한다.

그런데 우리가 볼 때 전혀 의심할 필요가 없어 보이는 이와 같은 상식에 과감하게 도전장을 내밀고, 그것이 오류임을 끊임없이 논증했던 일군의 사람들이 멀리 인도에서 기원후 3~4세기경에 출현했다. 바로 그들을 '유가행파' 혹은 '유식유가행파'라고 부르며, 그들이 제창했던 교리를 '유식사상' 혹은 '유식설'이라고 한다.

유식사상은 명확하게 유심론이다. 그러나 불교 안에서 유심론을 널리 펼친 것은 이 사상만이 아니다. 불교는 시대와 종파를 불문하고 항상 유심론적 경향을 가지면서 발전했다. 불교에서 마음을 제거하면 그 어떠한 것도 남지 않는다. 불교의 궁극적인 목적은 '고(苦)로부터 해탈'하는 것이다. 불교의 창시자인 고타마 붓다(gautama buddha)도 이러한 목적을 달성하기 위하여 처자를 버리고 출가하였다. 그리고 오랜 세월에 걸쳐 수행에 전념한 결과 고의 속박에서 벗어나 자유롭고 평안한 세계에 도달했다. '고'라는 현실이 출발점이며, 고를 멸한 평화의 경지가 목적지였다. 그렇다면 '고'란 무엇인가? 그것은 생로병사(生老病死)로 대표되는 소위 실존적 고뇌이다. 생은 처음부터 이미 늙어가는 운명을 안고 있다. 그 과정에서 때로는 병에 시달려 지옥과 같은 고통을 맛보는 자도 있다. 불로장수의 약은 동서양을 막론하고 인류의 꿈이다. 그러나 현실적으로는 백 년을 넘게 사는 사람이 드물다.

그렇다면 이와 같은 괴로움의 원인은 무엇인가? 불교에서는 그것을 '갈애(渴愛)'에서 구하고 있다. 갈애란 이것저것에 집착하는 마음의 미혹을 말한다. 또한 십이인연(十二因緣)에 의하면, 현실의 괴로움을 낳는 근본 원인은 '무명(無明)'이다. 무명이란 무지(無知)를 일컫는 것으로, 근본적 진리를 알지 못한다는 의미이다. 분명히 우리들은 자기가 무엇인지를 전혀 알지 못하면서, 마치 발이 없는 유령과 같이 계속해서 살고 있을 뿐이다. 어디서 나서 어디로 가는지도 모르는 채, 마치 길 잃은 양과 같이, 다만 헛되이 세월만을 보내고 있을 뿐이다. 자기에 관해서만 무지한 것이 아니다. 이 무한히 광대한 우주가 무엇인지를 궁극적으로 밝혀낸 사람은 아무도 없다. 유명한 철학자나 종교인도 물론 알지 못한다. 우리들 범부는 자기라는 소우주와 무한히 광대한 대우주가 무엇인가에 대해서는 완전히 무지하다.

그런데 '무지(無知, 無明)'든 갈애든 간에 이 모두는 우리들 마음의 오염된 존재방식이다. 그것을 불교 전문용어로는 번뇌(煩惱)라고 한다. 마음이 번뇌에 덮여버렸기 때문에 우리들은 여러 가지 활동을 전개하고, 그 결과 생로병사라는 괴로움을 초래하게 된다. 그러므로 만약 역으로 번뇌를 소멸시킨다면, 요컨대 마음을 맑게 정화시킨다면 괴로움도 없어져버리게 될 것이다.

이와 같이 생각한다면, 불교란 우리들 마음의 존재방식을 고로부터 평안하게 전환하려고 하는 일대 종교운동이라고 할 수 있을 것이다. 그리고 '고로부터 이탈'하는 문제에 초점을 맞추는 한, 불교는 실로 마음의 영역을 중시할 수밖에 없었던 것이다. 이런 의미에서 불교는 유심론이라고 할 수 있다.

그러나 불교가 다른 종교와 크게 다른 점은 그 관심이 단지 종교에만 머물지 않고 소위 '철학'이라는 영역에까지 향하고 있다는 것이다. 분명히 불교사상을 서양에서 말하는 '철학'과 그대로 동일시할 수는 없다. 불교철학이라는 표현 그 자체를 부정하는 사람도 있다. 그러나 서양철학에서도 '철학(Philosophy, Philosophia)'이라는 말의 정의는 일정하지 않다. 그렇기 때문에 만약 여기에서 '자기의 궁극은 무엇인가', '자기를 포함한 현실의 세계는 어떠한 구조로 생겼는가', '참으로 실재하는 것은 무엇인가', '어떻게 하면 참된 실재를 인식할 수가 있는가'라는 문제에 관해서 통일적 견해를 부여할 수 있는 학문을 임시로 '철학'이라고 부른다면, 불교는 말 그대로 '철학'적 측면을 충분히 갖추고 있다고 할 수 있다.

'자기의 궁극은 무엇인가', 이것은 인도의 모든 종교·철학에서 공통된 보편적 물음이었다. 인도의 철학자들은 이 문제를 해결하기 위해 요가(유가), 즉 선정의 수행에 전념했다. 자기의 표층적 정신활동을 고요히 하고, 자기 마음의 내면에 깊이깊이 침잠해갔던 것이다. 바꾸어 말하면, 자기의 마음을 우주 전체에까지 확대해갔다고 말할 수 있다. 그런데 가령 우파니샤드 철학은 자기의 궁극이 아트만(Atman)이고, 그 아트만은 동시에 대우주의 진리·절대자인 브라흐만(Brahman)과 동일하다고 생각했다. 일반적으로 인도사상은 자기의 궁극을 이 아트만이라는 말로 표현한다.

그런데 뒤에서 상세하게 서술하겠지만. 불교는 이와 같은 아트만 즉

'아(我)'는 존재하지 않는다는 '무아(無我)'의 주장을 가지고 종래의 여러 사상에 일대 반기를 들었다. 자기동일성을 보존하면서 영원히 소멸하지 않는, 상주(常住)하며 일자(一者)인 주체적 자기 등은 어디에도 존재하지 않는다. 다만 존재하는 것은 순간순간 생겨나서 소멸해가는 자기의 상속체일 뿐이라고 불교는 말한다.

그런데 인도에는 아트만설 이상으로 중요한 또 다른 사상이 있다. 그것은 유명한 윤회(輪廻)사상이다. 우리들은 자기 행위(業)의 선악에 의해서 수많은 세계에 태어나고 죽는다는, 터무니없이 두려운 사상이다. 신흥사상이었던 불교도 인도인의 마음에 뿌리 깊이 박혀 있는 이와 같은 사상을 부정할 수 없었다. 오히려 불교는 윤회사상을 자기 교리의 이론적 중추로 받아들였다. 여기서 자기추구라는 난행(難行)은 새로운 문제에 봉착했다. 요컨대 무아설과 윤회설 사이에 모순이 생긴 것이다.

그런데 이 모순을 잘 해결한 것이 유식유가행파의 사람들이었다. 그들은 표층적인 육식(六識) 아래 심층적인 '아뢰야식'을 세우고, 이 아뢰야식이야말로 자기존재의 궁극체이며 동시에 윤회의 주체이기도 하다고 설명했던 것이다. 유식유가행파의 사상가들에 의한 이 아뢰야식의 발견이야말로, 자기추구의 역사에서 우리들 인류가 자랑스러워해야 할 획기적인 사건이었다. 또한 그것은 수많은 인도인들의 선정체험에서 생긴 빛나는 성과이기도 했다.

아뢰야식의 발견에 의해서 불교사상은 새로운 이론체계를 구축하기에 이르렀다. 특히 '자기를 포함한 현실의 세계는 어떠한 구조로 생겼는가'라고 하는, 소위 우주창조의 문제에 대해서 그들은 이 아뢰야식이라는 개념을 구사하여 탁월한 이론을 구성했다. 그것이 유명한 '아뢰야식연기(阿賴耶識緣起)'이다. 즉 아뢰야식 속에는 모든 존재를 낳는 가능성[그것을 종자(種子)라고 부른다.]이 저장되어 있다. 또한 기연(機緣)이 성숙하면 그것들은 구체적인 현상이 되어 나타나고, 그 현상은 즉시 그 영향을 아뢰야식 안에 남긴다고 생각하였다. '연기(緣起)'란 자세하게 말하면 인연생기(因緣生起)의 준말이며, 모든 현상적 존재(有爲法)는 직접적 원인(因)과 간접적 조건(緣)에 의해서 생긴다는 의미이다. 이 연기는 원시불교 이래 설해진 중요한 개념이며, '연기를 보는 사람은 법을 본다'라는 말처럼 진리와 동일시되고 있다. 그런데 이 연기라는 법칙에 따라 생기는 사물은 오온(색 · 수 · 상 · 행 · 식)이지만, 이 오온은 원래 우리들 육체와 정신을 구성하는 다섯 가지 요소였다. 불교의 눈은 본질적으로는 우리들 인간의 마음과 육체에 향해 있다. 즉 여러 가지 현상 가운데에 '인간은 어떻게 있는가, 또한 있어야만 하는가?'가 문제인 것이다. 이것은 물론 불교에서 보편적으로 인정되는 태도이다. 그런데 유식사상에 이르러 연기의 법칙에 의해서 생기는 사상(事象)으로서 인간의 존재에서 자연계까지도 주목하기 시작했던 것이다. 아뢰야식은 인간의 마음과 육체를 만들어냄과 동시에 우리 주변에 존재하는 산천초목까지도 만들어낸다. 여기에 이르러 엄밀한 의미의 유심론적인 우주창조설이 완성되었다고 할 수 있을 것이다.

그런데 자기의 외계에 존재할 것 같은 사물까지도 자기의 근원적 정신에서 생긴다고 보는, 이와 같은 창조설은 단지 철학적 흥미나 사색의 결과로서 성립한 것이 아니다. 그 성립의 배후에는 '외계의 사물에 집착하지 말라'고 하는 종교적·윤리적 요청이 강하게 작용하고 있었다. 집착은 괴로움을 낳는다. 따라서 '집착하지 말라(無執着)'고 설한다. 그런데 현실의 우리들은 헤아릴 수 없을 정도의 집착심에 사로잡혀 있다. 돈을 가지고 싶다, 내 집을 가지고 싶다, 출세하고 싶다와 같은 마음은 누구나가 품는 욕망이다. 그렇다면 왜 그런 집착이나 욕망이 생기는 것일까? 그것은 돈, 내 집, 사장이라는 직위가 존재하고, 그것들을 손에 넣으면 행복한 생활을 보낼 수 있을 것이라고 생각하기 때문이다. 한마디로 말하면 우리들은 암묵적으로 '외계의 사물은 엄연히 실재한다'라는 의식이 있기 때문에 그것들에 대해 집착을 일으키는 것이다. '자기(人)와 외계의 사물(法)에는 영원불멸이며 상주하고 단일한 주체가 없다'라는 무아사상은 명백히 집착심을 없애기 위한 것이다. 그런데 유식사상은 이 무아의 사상에다 나아가 '자기와 외계의 사물은 자기의 마음이 만든 것이며, 그것들이 자기의 마음을 떠나서 실재하는 것은 아니다'라는 철저한 유심론을 주장함으로서 자기와 사물에 대한 집착(人執과 法執)을 뿌리째 뽑아버리려고 했던 것이었다.

그런데 무아나 유식은 무엇이 존재하지 않고, 무엇이 존재하는가를 주장하려는 것이다. 원래 불교는 '참으로 실재하는 것은 무엇인가'라는 철학적 문제에 끊임없이 몰두했기 때문이다. 그리고 그 노력은 유식사상에 이르러 최고조에 도달하여, 그 결과 삼성(三性)·삼무성(三無性)이라는 유식독자의 존재론 성립을 보기에 이르렀다. 이 사상에 대한 자세한 설명은 후술하기로 하고, 여기서는 '오직 식만이 있다'라는 경우의 '있다'라는 말이 의미하는 존재성에 관해서 고찰해보고자 한다.

유식사상은 외계의 사물과 자기의 존재를 부정한다. 이와 같은 생각에 대해서는 누구든지 '그렇지만 현재 산을 보고, 꽃향기를 맡고, 자기의 존재를 의식하지 않는가?'라는 의문을 품을 것이다. 분명히 산이 있고, 꽃이 있고, 자기도 있지만, 그러나 이들 모두는 자기의 심적 활동 내의 현상에 지나지 않는 것이다. 산이 외계에 있고, 마음이 그것을 보는 것이 아니고, 마음이 하나는 산의 모습을 띤 부분(객관적인 마음)과 그것을 보는 부분(주관적인 마음)으로 이분화하여, 양자의 대립 위에 산을 본다는 현상이 생기는 것이다. 그렇기 때문에 우리가 인식하는 모든 현상(정신적 및 물리적 현상)은, 정신활동이라는 단계에서 파악한다면, 모두 존재하는 것이다. 즉 정신활동(識)은 존재하는 것이다. 그러나 여기에서 주의해야 할 것은 보다 고도의 존재 규준(規準)으로 비추어볼 때, 이 식의 존재성은 한층 낮아져버린다는 것이다. 즉 궁극적 진리의 존재성과 비교하면 식은 마치 꿈과 같은 존재가치밖에 갖지 않는다고 한다. 여기가 유식사상의 핵심이다. '오직 식만이 있다'고 말하여 그 식의 존재에 집착한다면, 그것도 하나의 집착이 될 뿐이다. 우리들은 '유식'이라는 교리를 출발점으로 하여 그 식이 무엇인가를 예리하게 추구함으로써 식의 보다 고도의 존재방식을 찾고, 그것에 도달하는 것을 목표로 하여 노력해가지 않으면 안 된다. 식이 무엇인가를 예리하게 추구한다는 것은 자기 마음의 작용과 외계의 사물, 즉 한마디로 말하면 모든 현상(유위법)을 더욱 세밀하게 분석하고, 이들 가운데 무엇이 그르고(非) 옳은(是) 것인지를 결정해가는 것이다. 유식유가행파가 후에 중국·일본에서 법상종, 즉 법(존재)의 상(모습·현상)을 고찰하는 종파로 불리게 된 것은 바로 이런 점에서였을 것이다.

또한 식의 보다 고도의 존재방식을 찾고, 그것에 도달하는 것을 목표로 하여 노력한다는 것은, '어떻게 하면 참된 실재를 인식하는 것이 가능할까'라는 철학적 문제와 관계되는 자세이며, 단순한 철학적 연구에서 비약하여 종교적 실천을 행하는 것이다. 유식사상은 심오하고 정밀한 교리를 가지기 때문에, 얼핏 보면 하나의 학문 혹은 철학체계로 간주되기 쉽지만 결코 그렇지 않다. 유식사상은 말 그대로 불교이다. 따라서 그것은 본질적으로 학문도 아니고 철학도 아니며 실로 종교 그 자체이다. 따라서 만약 유식사상으로부터 실천을 제거한다면, 그것은 와력(瓦礫, 기와와 자갈)과 같이, 어떤 가치도 없는 것이 된다.

유식사상은 앞에서 기술한 것과 같이 기원후 3~4세기경 멀리 인도에서 발흥한 하나의 종교운동이었지만, 그 뒤 인도 불교의 중심적 세력이 되고, 나아가 중국·일본에까지 전래되었다. 현재 일본에서는 법상종(藥師寺, 法隆寺, 興復寺 등이 이 종파에 속한다)이 그 정통을 계승한 현존하는 유일한 종파이다. 또한 이 사상은 소위 성상학(性相學)

혹은 법상학(法相學)이라고 부르며, 옛날부터 불교에서 중요한 학문으로서 많은 학승과 학자들이 배워왔고, 현재에도 그렇다. 여기에서 잠시 유식사상의 현대적 의의를 고찰해보자.

1. 자기와 자연의 관계에 대한 재인식

르네상스(문예부흥) 이후, 중세의 신학에서 해방된 서양인은 자연계를 인간과 대립하는 것, 인간에 의해서 정복되어야 할 것이라고 생각하게 되고, 그 수단으로서 소위 자연과학을 급속하게 발전시키기에 이르렀다. 그 결과가 현재의 환경파괴나 대기오염이라는 공해의 다발이다. 인류를 비롯한 지구상 모든 생물의 존속은 실로 위험에 처해 있다. 화성탐측기 바이킹 1호의 활약에 의해서 고도의 동·식물의 존재는, 적어도 태양계에서는 지구상에만 한정되어 있다는 것을 우리 지구인들은 알기에 이르렀다. 그런데 이 무한이라고도 말할 수 있는 광대한 공간 안에 실로 바늘 끝 정도의 크기에 지나지 않는 녹음의 나무들을, 현대인은 마치 기생충을 짓밟아 죽이는 것처럼 베어버리고 있지 않는가? 이것은 실로 이원적으로 사물을 보는 서양의 방식에 중독된 현대병의 현저한 징후이다.

유식사상에 의하면 자기와 자연은 결코 대립하는 것이 아니다. 자연은 자기의 마음이 만들어낸 것이기 때문에 자기 마음의 일부분이다. 자연은 마음을 떠나 존재하지 않기 때문에, 자연과 자기는 일체이다.

그러나 유물론적 내지 자연과학으로 사물을 보는 방식에 지나치게 중독된 현대인은 이렇게 말하는 유심론을 공리공론이라고 일소에 비웃어버린다. 하지만 유심론과 유물론의 대결은 인류의 예지가 최고도에 달한 현대에서조차 그 결정을 보고 있지 않다. 그렇기 때문에 지금은 마음이 먼저인가, 사물이 먼저인가라는 철학적 논의는 부차적이다. 지금 여기에서 필요한 것은 유물론적·자연과학적으로 사물을 보는 방식이 잘못된 결과를 초래한 현재, 우리들은 그것을 대신하는 새로운 견해에 따라 인류의 궤도를 수정하지 않으면 안 된다는 것이다. 지금 이야말로 유식사상의 '자기의 마음을 떠나서 자연은 없다'라는 생각, 넓게는 불교 일반에 인식되는 자연과 자기의 일체관을 가지고 자기와 자연의 관계를 재인식하는 시기인 것은 아닐까.

2. 내적 세계로 침잠

현대사회의 움직임은 기계문명, 정보사회라는 용광로 속의 열탕과 비슷하다. 그것은 끊임없이 펄펄 끓고 부글부글 거품을 내며 한순간도 멈추지 않는다. 우리들 현대인은 외계로부터 무수한 자극의 실에 묶여 마구 날뛰는 허수아비 인형처럼 살아간다. 마음이 있다고 해도 외계의 사물이나 타인에게만 관심을 기울이고, 자기의 마음은 소외되어 있다. 현대는 소외의 시대라는 말을 많이 한다. 인간이 자기 본래의 주체성을 잃어버리고 거대한 조직의 일부분으로서 물질화·수량화되고 있는 것이다. 즉 인간이 인간 그 자체로부터 소외되어버린 것이다. 자기의 고향, 자기의 원점, 즉 자기의 마음을 망각해버린 것이다.

소외 상태는 현대사회의 병이기 때문에 당연히 그 병에 대해서는 사회적 내지 정치적 시점에서 치료법이 확립되어야만 할 것이다. 그러나 병은 의사의 치료만으로 낫는 것이 아니다. 병에 대한 환자의 주체적인 움직임도 필요하다. 이것과 동시에 인간소외라는 병에 걸린 환자(현대사회와 현대인)의 주체적인 노력이 없는 한, 그 병은 영원히 치유될 수 없다. 그렇다면 그 주체적인 노력이란 무엇인가. 그것은 개개인이 잊어버렸던 자기의 마음 안에 깊이깊이 침잠해가는 것이다. 외계로 흐르기 쉬운 자기의 의식을 강고한 의지력을 가지고 내적 세계로 계속 연결시키지 않으면 안 된다.

유식사상의 역사는 바꾸어 말하면 인간의 내적 세계로 탐구해 들어가는 역사였다. 이것인가 이것인가, 라고 말할 정도로 끊임없이 인간의 심적 작용을 분석해왔던 것이다. 그 결과가 아뢰야식과 말나식의 발견이고, 여러 식들의 상호 인과관계에 의한 정신의 순환적 흐름(아뢰야식연기)을 해명하는 것이었다. 특히 유식사상은 서양의 심리학을 능가할 정도의 멋진 이론을 성립시켰다. 게다가 그것은 단지 학문으로서의 심리학이 아니라, 더러움으로 가득 찬 비정상적인 인간의 마음을 정상적인 본래의 존재방식으로 맑게 되돌리기 위한 치료법으로서의 심리학이었다. 유식사상에 '심리학'이 있다고 한다면, 그것은 실로 '구제의 심리학'이라고 불려야만 한다. 이 점에서 '영혼의 병'에 대한 치료를 목적으로 하는 정신분석의 심리학과 어느 정도 공통성이 예상되며, 양자의 비교연구가 이후의 과제로 남겨져 있다.

유식사상은 과거의 문화적 유산이 아니다. 그것은 실로 현대에서도 생생하게 계속되고 있는 '철학'이며 '종교'이며 '치료적 심리학'이다. 분명 유식의 교리에는 비과학적인 면이 없는 것도 아니다. 그러나 우리 인간생활에 있어서 과학적인 것이 만능은 아니다. 인간은 의외로 비과학적인 것에 의해서 살아가는 힘을 부여받는 존재이다.

유식사상은 불교이며, 고로부터 해탈하는 것을 목적으로 하는 종교이다. 고맙게도 현대까지 전해오고 있는 유식사상을 먼저 학문적으로 연구함으로써 자기의 내적 세계를 향해 한 걸음 내디뎌보지 않겠는가!

제1장 유식사상의 전개

1. 유식설의 흥기

1) 불교소사

불교는 대략적으로 말하면 원시불교→부파불교(소승불교)→대승불교라는 순서로 발전했다. 이 가운데 원시불교란 불교의 창시자인 고타마 붓다(Gotama Buddha)의 생존시대, 혹은 사후 수십 년의 불교, 요컨대 불타 자신이 직접 말한 교설 및 그 교설에 기초한 신앙집단을 말한다. 이를테면 불교의 원시형태의 총칭이라고 해야 할 것이다.

어떤 집단의 개조(開祖)가 위대한 사상가일수록, 그 심원한 사상의 해석을 둘러싸고 후계자들 사이에 의견대립이 일어나는 것은 시대를 불문하고 역사의 필연적인 흐름이다. 불교도 그 예외는 아니며, 불타의 사후 100년경에 원시불교교단에서 소위 「십사(十事)」(북전의 『이부종륜론(異部宗輪論)』에 의하면 「대천(大天)의 오사(五事)」)에 관해서 격렬한 논쟁이 일어나고, 그 결과 교단은 보수적인 '상좌부

(Theravāda)'와 진보적인 '대중부(Mahāsaṅghika)'로 분열했다. 이것을 '근본분열'이라 한다. 그 후 이 상좌부와 대중부는 각각 분열을 반복하여, 전부 합쳐서 18부파가 성립하였다. 이것을 근본분열(根本分裂)과 비교되는 지말분열(枝末分裂)이라 한다. 보통 근본의 2부(상좌부 · 대중부)와 지말의 18부를 합해서 '소승 20부'라고 불린다. 그리고 이와 같은 부파 대립 시대의 불교를 '부파불교(部派佛敎)' 혹은 '소승불교(小乘佛敎)'라고 한다. 소승(Hīna-yāna)이란 '작은 탈것'이라는 의미이고, 이것은 후에 대승(Mahā-yāna)의 사람들이 부파의 사람들을 폄하해서 불렀던 명칭이다. 부파의 분열은 대체로 기원전 100년경에 끝났다고 한다.

이들 부파의 관심은 주로 불타가 설한 교리 · 교설(dharama, 法)을 면밀하게 연구 · 해석하는 것이었다. 말하자면 간결한 불타의 교설이 난해한 수많은 술어를 사용해서 정리 · 분류되고, 나아가 내용적으로 발전, 해석되기에 이르렀던 것이다. 그들이 만든 문헌을 정리해서 '아비다르마'(Abhidharma, 阿毘達摩 · 阿毘曇이라고 음역되고, 또한 對法이라고 의역된다)라고 하며, 경율론(經律論)의 삼장(三藏) 가운데 논장에 해당한다.

종교에서 번쇄한 학문적 연구는 때로는 지향해야만 하는 본래 목표에서 일탈하는 위험을 안고 있다. 부파불교의 사람들도 교리의 번쇄한 연구에 몰두한 나머지, 해탈 · 열반의 도, 특히 '모든 사람의 구제'라는 불교 본래의 목적을 망각하고, 자기 한 사람의 해탈을 목표로 하는 수행, 혹은 종파적 색채에 구속된 교리의 연구에만 전념하는 경향에 빠져들었다.

이 시기, 즉 기원전후 시기에 이와 같은 경향에 대한 반동으로서 자기의 해탈보다도 먼저 타인의 해탈구제를 목적으로 하는 새로운 종교운동이 재가자를 중심으로 발흥했다. 이것이 '대승불교'이다.

대승불교는 사상적으로는 『반야경』에 근거한 '공사상'과 『해심밀경』 등에 근거한 '유식사상'으로 크게 분류된다. 종파의 이름으로 말하면, 전자는 '중관파(中觀派, Mādhyamika)', 후자는 '유가행파(瑜伽行派, Yogcāra)'이다. 이 책은 이 가운데 유가행파 및 그 사상에 관해서 해설하려는 것이다. 뒤에 상세하게 서술하게 되겠지만, 유가행파의 유식사상은 근본적으로는 반야의 공사상을 답습하면서도 '식(識)'이라는 존재를 어떤 의미로 인정함으로써 공사상의 허무적 측면을 시정하려고 했던 것이다. 그래서 교리의 골격은 종래의 아비달마 사상을 그대로 이어받아, 그것을 유식적으로 조직하여 대성(大成)했다고 말할 수 있을 것이다. 따라서 유식사상은 교리적으로 본다면 최고도로 발달한 불교사상이다.

유식사상의 완성에 의해 불교사상의 발달은 본질적으로는 정지했다. 인도에서 그 이후에 전개한 사상으로 '밀교(탄트라불교)'가 있지만, 이것은 점차 민간의 토착신앙과 강하게 결합하여 비속한 측면을 갖춤으로써 내용적으로 타락해갔다. 여기에 이슬람교의 박해가 가세하여, 기원후 13세기 전반에 불교는 인도에서 그 자취를 완전히 소멸하기에 이르렀다.

2) 유식사상의 흥기

현장에 의해 번역된 최승자(最勝子) 등 여러 보살이 저술한『유가사
지론석(瑜伽師地論釋)』(『대정장』 30권, 1580번) 중에 유식사상이 흥
기한 사정에 관해서 간결하게 설명한 부분이 있다. 그것에 의하면,

> 불타가 열반에 든 뒤, 의견의 대립이 일어나 수많은 부파가 경쟁
> 적으로 일어나서 서로 항쟁했지만, 그들 대부분은 사물은 존재한
> 다고 보는 유견(有見)에 집착했다. 그 때문에 용수가 대승의 무상
> (無常)·공(空)의 가르침의 입장에서『중론』등을 저술해 공사상
> 을 선양하고, 나아가 제바(提婆, Aryadeva, 170~270)가『백론』
> 등을 저작해 그 사상을 세상에 널리 펼쳤다. 그러나 그들에 의해서
> 세상 사람들은 사물은 전혀 존재하지 않는다고 보는 공견(空見)
> 에 빠져버렸다. 거기에서 무착이 선정을 닦아 대신통력을 얻어 미
> 륵을 받들고, 미륵에게 청해서 유가유식의 논서를 설시(說示)하여
> 받았다.

라는 것이다. 이 문장은 부파불교에서 중관파로, 나아가서는 유식파
로 전개하는 과정을 간결하게 서술하고 있다. 부파불교의 유견(有見)

은 부파불교의 한 파인 설일체유부(說一切有部)의 사상으로 대표된
다. 이 파는 그 부파 이름에서도 알 수 있는 것처럼, 모든 존재의 존재
성(有見)을 인정한 것이다. 즉 모든 존재를 75종류로 분류하고, 그 하
나하나를 실재(實有, dravyasad)로 간주한 것이다.

이것에 대해서 『반야경』의 '공사상'에 근거한 중관파는 모든 사물·
사상의 존재성을 철저하게 부정한다. 이 공사상을 논리적으로 조직하
여 대성한 사람이 용수(Nāgārjuna, 150~250)이며, 그의 주저는 『중론』
(『대정장』 30권, 1564번)과 『대지도론』(『대정장』 25권, 1509번)이
다. '공'의 본질은 『중론』의 유명한 '팔불중도(不生不滅·不常不斷·
不一不異·不來不出)'로 대표되는 것처럼, 소위 '중도'에 있으며 결코
모든 것을 일방적으로 부정해버리는 허무주의가 아니다. 또한 궁극적
진리는 '제법실상(諸法實相)', '진공묘유(眞空妙有)'라고 하며, 그것은
부정해버린 곳에서 현현하는 긍정적인 진실재이다.

그러나 본질적으로는 그렇다고 해도 표현적으로는 모든 존재(一切
諸法)를 공(śūnya), 무자성(niḥsvabhāva)으로 부정하는 입장은 자칫 잘
못하면 허무주의에 빠질 위험성이 충분하다. 사실 당시의 많은 사람들
이 중관사상에 대해서 그와 같은 오해를 품었을 것이다.

이와 같은 시대적 풍조를 배경으로 하여 그것을 시정하고자 일어난
것이 유식사상이다.

3) 유식설의 성립 요인

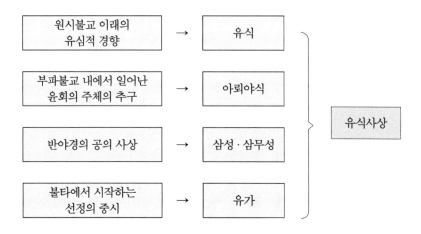

확실히 허무주의(空見)를 시정하려고 하는 운동이 유식사상 흥기의 한 원인이었을지도 모른다. 그러나 그 이외에도 몇 가지의 원인이 있었던 것을 간과해서는 안 된다. 위의 그림에서 제시한 것처럼 다양한 요인이 작용하고, 그 결과 유식사상이 성립한 것이다. 위의 그림에 관해서 잠시 설명해보자.

(1) 유심적 경향

유식유가행파에 이르러서 갑자기 유심론이 대두된 것은 아니다. 어떠한 종교라도 본질적으로는 유심적 경향을 가지고 있다. 불교도 예외는 아니며 이미 불타 자신의 가르침 속에 유심적 경향을 확인할 수 있다. 예를 들면 불타 자신에 의한 교설을 원형에 가까운 형태로 전하고 있는 것으로 여겨지는 가장 오래된 경전 『담마파다(法句經)』의 첫머리는 다음과 같다.

> 모든 일은 마음이 근본이 된다. 마음에서 나와 마음으로 이루어진다. 나쁜 마음을 가지고 말하거나 행동하면 괴로움이 따른다. 수레바퀴가 소와 말(牛馬)의 발자국을 따르듯이. 모든 일은 마음이 근본이 된다. 마음에서 나와 마음으로 이루어진다. 청정한 마음을 가지고 말하거나 행동하면 즐거움이 따른다. 그림자가 그 형체를 따르듯이.

마음이 사물의 중심에 있고 마음을 어떻게 쓰는가에 따라서 괴로움도 되고 즐거움도 된다는 것이다.

나아가 불교의 강령(綱領)이라고 할 수 있는 「칠불통계게(七仏通誡偈)」에는

> 모든 악을 짓지 말고, 많은 선을 받들어 행하고, 스스로 그 마음을 청정하게 하라. 이것이 모든 부처님의 가르침이다.(『증일아함경』 등)

라고 되어 있다. 앞의 『담마파다』의 구절에서도, 또한 이「칠불통계게」
에서도 불도수행의 핵심은 '마음의 정화'에 있다는 것이다. 그런데 유
심이라는 말에 대해서는 다음의 두 가지 의미를 구별하지 않으면 안
된다.

① 선·악 혹은 고·락 등은 마음의 존재방식에 따른다.
② 모든 존재는 마음이 만들어낸 것이다.

이 중 전자는 인간의 윤리적인 존재방식이 마음에서 유래한다고 보
는 견해이다. 따라서 '오직 마음만이 존재한다'라고 보는 엄밀한 의미
의 유심론은 아니다. 앞에서 기술한 『담마파다』의 구절도 이 점으로부
터 ①에 해당되며 유심론이라고 하기보다 '심중시론(心重視論)' 혹은
'심강조론(心强調論)'이라고도 부를 수 있는 입장이다. 이 흐름 위에
있는 것이 『무구칭경(無垢稱經)』의 다음 유명한 문구이다.

마음이 더러움으로 물들었기 때문에 유정도 더러움으로 물들었
다. 마음이 청정하기 때문에 유정도 청정하다.

그런데 인간의 윤리적인 존재방식에서 차츰 우주 전체의 존재에까
지 시야를 넓힘에 따라 불교의 유심론도 엄밀한 의미의 유심론에 가깝
게 다가갔다. 즉 자기 및 외계와 자기 마음의 관계를 문제로 삼았던 것

이다. 요컨대 앞에서 기술한 유심의 두 가지 입장 가운데, 후자인 '모든 존재는 마음이 만들어낸 것'이라는 사상이 일어났던 것이다. 이 견해를 단적으로 표명한 것이 『화엄경(華嚴經)』 야마천궁품(夜魔天宮品)과 십지품(十地品)에 있는 다음의 유명한 두 게송이다.

마음이 마치 공화사와 같아서, 여러 가지 오음(五陰)을 그린다. 일체 세계 가운데 만들어지지 아니한 법이 없다.(야마천궁품)

또한 이와 같은 생각을 일으킨다. 삼계는 허망하여 단지 마음이 지은 것이다. 12인연은 모두가 마음에 의지한다.(십지품)

앞의 게송에 의하면 마치 화가가 갖가지 그림을 그리는 것처럼, 마음이 세계 가운데 있는 모든 존재를 만들어낸다고 한다. 뒤의 게송에 의하면 삼계는 마음이 만들어낸 것이고, 십이인연은 마음에 의존한다고 한다. 삼계란 욕계·색계·무색계를 말한다. 이것은 현대에서 말하는 우주와는 개념이 크게 다르지만, 특히 불교에서는 현상적 세계 전체를 가리킨다. 십이인연이란 무명에서 시작해서 노사로 끝나는데, 우리들 개개인의 일련의 생존상태를 말한다. 특히 이 두 게송에 의해서

자기 및 우주라는 존재 전체는 완전히 마음이 만들어낸 것에 지나지 않는다.

라고 하는 철저한 유심론이 천명되고 있는 것이다. 뒤에 유식의 논서들이 이 『화엄경』의 두 게송을 유식의 중요한 교증(敎證. 80, 141쪽 참조)으로서 인용하고 있는 데서도 알 수 있듯이, 이 두 게송이 유식사상의 성립에 끼친 영향은 헤아릴 수 없다. 공사상을 설하는 일군의 『반야경』에도 유심적 사상이 인정된다. 왜 모든 존재가 공인가에 대하여

　　모든 존재는 인연생(因緣生)이다. 인연생인 것은 무자성이다.
　무자성인 것은 공이다.

라고 말하여, 소위 인연생→무자성→공이라는 논리가, 용수(Nāgārjuna)에 의해서 확립되었지만, 『반야경』 그 자체에는 아주 간단하게, 더구나 인식론적으로 모든 존재의 비실재를 설하고 있다. 그것은

　　모든 사물은 단지 '개념적 명칭(nāmadheya)'에 지나지 않고, 그
　들 명칭은 비실재이기 때문에, 그것들에 의해서 지시되는 사물도
　비실재이다.

라는 것이다. 모든 사물은, 자기의 마음 안에 있어서 단지 개념적으로 설정된 것에 지나지 않는다고 보는 점에서 이미 유심적 입장을 여실하게 읽어낼 수 있다. 사실 『대반야경(大般若經)』 안에는

유심(唯心)이 드러난 바에 성(性)과 상(相)이 더불어 공(空)하다.

제행(諸行)은 모두가 분별(分別)이 지은 바이다.

일체의 모든 존재는 분별의 지은 것으로 공·무소유·허망·부
실(不實)이다.

등의 표현이 확인된다. 공사상을 논리적·조직적으로 대성한 용수에
게서도 유심적 경향을 확인할 수 있다. 용수는 대표작『중론송』가운
데에서 공의 논리적 해명에 중점을 두고, 유심론적 사상을 거의 말하
지 않았지만 그의 저작이라는『대승이십송론(大乘二十頌論)』,『육십
송여리론(六十頌如理論)』가운데에는 유심설을 명백하게 설하는 부
분이 있다. 예를 들면『대승이십송론』가운데에는

이들 일체는 단지 마음뿐이고(cittamātra), 환영의 모습(幻)처럼
생긴다.

라고 설하는 부분이 있으며 나아가『육십송여리론』에서는

법은 무생이며 무아이다. 지혜를 깨달아 여실한 성품으로 들어
가 상(常)과 무상(無常) 등의 상은 모두 마음으로 말미암아 일어
나 드러나는 것이다.

혹은

> 만약에 한 성품이 성립하며 바라는 바는 물에 비친 달과 같아서
> 실(實)도 아니고, 무실(無實)도 아니다. 모두 마음으로 말미암아
> 일어나 보이는 것이다.

라고 설한다.

이상, 유식사상 이전에도 유심적 경향이 있었던 것을 간단히 고찰해 보았지만, 유식사상은 불교의 근저에 명백히 흐르고 있는 이와 같은 유심적 사고를 교리의 중심에 놓고, 나아가 그것을 아뢰야식설과 결합시킴으로써, '모든 존재는 아뢰야식이 만들어낸 것이다'라는 철저한 유심설을 확립한 것이다.

(2) 윤회의 주체 추구-아뢰야식설 성립의 동인

아뢰야식은 마음 깊은 곳에서 쉬지 않고 계속 활동하는 심층심리이다. 여기서는 얼핏 보면 불교의 무아설과 배치되는 것처럼 보이는 아뢰야식설이 어떠한 동인(動因)에 의해서 성립했는가를 고찰해보고자 한다. '삼법인(三法印)'의 하나인 '제법무아(諸法無我)'에서도 설하고 있는 것처럼, 불교의 근본테제는 '무아(anātman)'이다. 무아의 아(ātman)는 '상일주재(常日主宰)'인 것으로 정의된다. 따라서 제법무아

란 '모든 존재에는 영원히 자기 동일성을 유지하면서, 자타를 통제하는 것과 같은 주체는 결코 있을 수 없다'는 의미이다. 인간이 언제까지나 계속해서 살 수는 없다. 죽음의 도래는 필연적 숙명이고, 어찌할 수 없는 사실이다. 자연의 나무에서도 여름의 푸른 잎은 가을이 되면 황색으로 변하여 떨어진다. 낙엽을 멈추게 하는 힘이 나무에게는 없다. 즉, 마음이 있는 인간도 마음이 없는 자연도 모두 무아가 된다.

석존은 이 무아를 기치로 하여, 아를 용인하는 당시의 인도사상계에 반기를 들었다.

그러나 동시에 '윤회(saṃsāra)'라고 하는 인도의 전통적 사상을 불교에 받아들임으로써, 무아설과 윤회설과의 이론적 부합에 고심하게 되었다. '주체적인 아가 존재하지 않는다면 도대체 다시 태어나고 다시 죽어가는 것은 무엇일까?'라는 의문이 생겼다.

이 의문에 대한 불타의 대답은 '업상속(業相續)'이었다. 현재는 과거의 행위(業, karma)의 결과이고, 현재의 행위는 미래의 존재방식을 결정한다. 즉, 행위의 영향이 계속하여 상속한다는 것이다.

그러나 불타의 사후, 이론적 고찰을 좋아하는 사람들(아비달마논사)에 의해서, 그럼 도대체 업(行爲)의 영향은 어느 곳에 보존되는 것인가라는 의문이 생겼고, 그 결과 업을 쌓아서 상속하는 어떤 실체, 즉 윤회의 주체가 상정되기에 이르렀다.

앞서 불타 사후 백 년경, 교단은 상좌부와 대중부로 분열되었음을 말했지만, 이 중 대승적 색채가 강한 대중부는 주로 '해탈'이라는 문제에 관심을 기울였음에 반하여, 상좌부는 주로 '윤회'에 관심을 두었다고 할 수가 있다. 따라서 주로 상좌부계에 속한 부파 사람들에 의해서 윤회의 주체는 무엇인가라는 추구가 이루어졌다. 그 결과 신체와 육식(眼·耳·鼻·舌·身·意) 안에 무언가 잠재적인 윤회의 주체를 상정하기에 이르렀다. 그것들은 다음과 같은 명칭으로 불렸다.

유분식(有分識)-상좌부(上座部)와 설가부(說假部, 分別論者)
궁생사온(窮生死蘊)-화지부(化地部)
비즉비리온아(非卽非離蘊我)-독자부(犢子部)
세의식(細意識)-경량부(經量部)

[또 대중부도 근본식이라는 미세의식(微細意識)을 상정했다고 말한다.]

이 업을 짊어진 기체(基体)의 상정은 일면 논리적인 귀결이었다고 말할 수 있다. 업이라는 것은 정신도 물질도 아닌, 현대적으로 말하면, 일종의 에너지와 같은 것이다. 그런데 빛은 에너지인 동시에 입자로서 어느 정도의 물질성을 갖추고 있듯이, 업의 영향에도 어떤 실체성 내지 사물성을 부여하는 것이 여러 가지 현상(특히 윤회)의 설명에 용이하다. 육식 깊은 곳에 어떤 근본적인 상속심(相續心)을 세우게 된 것도 그 때문이다. 그래서 이들 사고의 흐름의 극치로서 아뢰야식을 생각하게 된 것이다.

(3) 새로운 공사상의 전개

"유식사상은 '식'이라는 존재를 인정하기 때문에 『반야경』과 중관파가 설하는 공사상과 완전히 대립한다"고 생각하는 사람들을 자주 보지만 이 견해는 잘못이다. 유식사상은 반야의 공사상을 충분히 고려한 위에 그 결함을 보충하면서, 새로운 공의 논리를 확립해갔다. 이 사정을 여실하게 말하고 있는 것이 『해심밀경』 무자성상품(無自性相品)에 있는 삼시교판(三時教判)이다(교판이란 불타 일생의 교설 내용을 단계적으로 분류해서 그것들의 우열을 판정한 것). 그것에 의하면, 불타의 교설은 다음의 세 단계(三時)로 나눈다.

① 제1시, 성문승을 위해 '사제(四諦)'의 가르침을 설한다.
② 제2시, 대승을 위해 '일체법은 모두 무자성, 무생, 무멸이며 본래 자성적정은 열반이다'라는 가르침을 은밀상(隱密相)을 가지고 설한다.
③ 제3시, 일체의 성문과 보살승을 위해 '일체법은 모두 무자성, 무생, 무멸이며, 본래 적정한 자성은 열반이며 무자성을 본질로 한다'라는 가르침을 현료상(顯了相)을 가지고 설한다.

이들 삼시 가운데, 앞의 2시는 아직도 불타의 가르침의 진의(眞意)

가 명백하게 설해지지 않는 교설(未了意)이고, 제3시는 그 진의가 남김없이 모두 명백하게 설해진 교설(了意)이라고 한다. 나아가 여기에서 지금 문제로 삼고 있는 제2시와 제3시를 비교하면 제2시(반야의 공사상)와 제3시(유식의 삼성·삼무성사상)는, 양자 모두 동일한 '일체법은 모두 무자성, 무아, 무멸이며 본래 적정한 자성은 열반이다'의 가르침에 의거하고 있는 것으로, 전자는 그것을 '은밀상'을 가지고 설함에 반해, 후자는 '현료상'을 가지고 설한다는 점에 큰 차이가 있다고 할 수 있다. 이것에 의하면 유식사상과 공사상의 차이는 같은 교설을 어느 정도 명료하게 설명하는가라는, 소위 정도의 차이에 지나지 않는다. 처음으로 유식사상을 천명한 『해심밀경』 중에 이와 같은 생각이 들어 있는 점에 우리는 특히 주목해야만 한다. 유식사상은 실로 공사상의 직계인 것이다.

그렇다면 공사상을 현료상으로서 설한다는 경우의 현료상이란 무엇인가? 그것은 아뢰야식과 더불어 중요한 교설인 삼성(三性)·삼무성설(三無性說)이다. 이 삼성·삼무성이야말로 『반야경』에서 설한 공사상의 새로운 전개이다.

삼성·삼무성설은 『반야경』의 사상을 새롭게 해석하려는 일군의 사람들에 의해서 성립된 것 같다. 이것은 다음과 같은 논서들의 소설(所說)로부터 짐작할 수 있다.

①『대반야경』권 제4(『대정장』5권, 17쪽 중하), 동권 제 480(『대정장』7권, 433쪽 중)에 있는 '실유보살(悉有菩薩) (내지) 불생집착(不生執着)'의 일련의 문장이, 10종의 산동분별(散動分別)로서『섭대승론세친석(攝大乘論世親釋)』권 제4(『대정장』31권, 342쪽 하),『섭대승론무성석(攝大乘論無性釋)』권 제4(『대정장』31권, 405쪽 중)『대승아비달마잡집론(大乘阿毘達磨雜集論)』권 제1(『대정장』31권, 764쪽 중)에서 정리되고, 게다가 어느 것이나 그 내용을 삼성으로 해석하여 설명한다.

②호법(護法)이 지은『대승광백론석론(大乘廣百論釋論)』권 제10(『대정장』30권, 248쪽 상중)에서 '부처님이 구수사리자에게 말씀하시기를 색은 자성이 공하고 자성이 공한 까닭에 생기지도 않고 멸하지도 않는다. 생멸이 없기 때문에 쉽게 변하지 않는다. 수·상·행·식 또한 이와 같다'와 '선현은 마땅히 알라. 색은 제색이 무성지성(無性之性)이라 이름한다. 수·상·행 등 널리 이와 같이 설하였다'라는『반야경』의 문장을 역시 삼성적(三性的)으로 해석한다.

③안혜(安慧)가 지은『중변분별론석소(中邊分別論釋疏)』에는 삼성을 말한 이유의 하나로서 '본성으로서 깊고 깊은 반야바라밀상을 삼성의 문에 의해서 미혹함이 없이 요달(了達)하기 때문이

다'라고 설한다.

④ 무착(無着)이 지은 『금강반야론(金剛般若論)』 권 하(『대정장』 25권, 762쪽 하)에서는 『금강반야경(金剛般若經)』의 '수보리여, 만약에 이 수다라장구를 설함을 들었을 때 놀라지도 말고, 두려워하지도 말고 무서워하지도 말라. 마땅히 알라. 이 사람은 심히 희유하니라'의 문장을 삼무성(三無性)으로 해석한다.

이와 같이 유식유가행파의 중요한 논사인 무착·세친·무성·안혜·호법이 모두 『반야경』의 경문을 삼성 혹은 삼무성을 가지고 해석하지만, 이것은 반야의 공사상을 새로운 논리로 해석하려는 노력의 결과로서 삼성, 삼무성이 성립한 것이라고 할 수 있을 것이다.

(4) 선정(禪定)의 중시-유가(瑜伽, Yoga)를 좋아하는 사람들

앞에서도 기술한 것처럼 부파불교의 번쇄한 교리를 발전시킨 것은 이론적인 사고를 좋아하는 사람들 즉 '아비달마논사'라고 일컬어진 일군의 사람들이었다.

그런데 인간은 시대를 불문하고 이론을 좋아하는 유형의 사람과 실천을 좋아하는 유형의 사람으로 양분된다. 따라서 이론을 좋아하는 아비달마논사들의 전성기에도, 실천을 좋아하는 사람들이 존재했다. 그들은 『대비바사론(大毘婆沙論)』(『대정장』 27권, 1545번) 등에 많이 나타나는 유가사(瑜伽沙, Yogacārin)를 말한다(유가 즉 요가란 원래 '상응', '결합' 등의 의미지만, 그것이 '신심을 결합한다' 즉 '정신을 집중 통일하는' 수행방법 일반의 명칭이 되기에 이르렀다).

심층심리라고도 말할 수 있는 '아뢰야식'이 설정되기 위해서는 당연히 깊은 선정체험이 필요하였다. 또한 뒤에 상세하게 기술하겠지만 (145쪽 참조) '모든 사물은 마음이 만들어낸 영상에 지나지 않는다'라고 보는 유식설 또한 깊은 선정체험에서 생겼다.

따라서 선정을 특히 좋아하는, '유가사'라고 불리는 일군의 사람들 사이에 점차로 유식설이 확립되었을 것이라는 상정은 상당한 가능성을 가진다.

이상에서 유식설 성립의 여러 요인을 정리하면 다음과 같다.

부파불교시대에 이론만으로 만족하지 않고 겸해서 요가의 실천을 행했던 사람들이 ① 이론적으로는 윤회의 주체 여부의 문제, ② 문헌적으로는 『화엄경』 등에서 인정되는 유심설, ③ 체험적으로 선정 중의 체험 등 여러 가지 동인(動因)의 영향 아래, 차츰 설일체유부로 대표되는 실재론에서 이탈해서 유심론으로 기울어 당시 대승에 있어서 대단히 융성했던 공사상을 받아들이면서 새롭게 조직화해갔던 것이 아뢰야식·삼성·삼무성을 이론적 골격으로 하는 유식사상이며, 그들의 조직적 대성을 지향했던 일군의 사람들이 유가행파라는 하나의 학파를 형성하기에 이르렀다고 추측할 수 있다.

2. 인도의 유식사상

1) 미륵에 관하여

유식사상을 설한 최초의 경전은 『해심밀경』(『대정장』 16권, 676번)이다(동시대의 것으로서 『대승아비달마경』이 있지만, 본경은 아직 번역되지 않았고 범본도 현존하지 않는다. 다른 책에서 그 일부분이 인용되었을 뿐이다). 이 책의 성립은 용수의 입멸 후 얼마 되지 않은 시기, 즉 기원후 300년 전후로 생각된다. 앞에서 말한 것처럼 유식설에 대한 동향은 그 무렵 일단 교리적 골격이 형성되어 『해심밀경』이라는 경전으로 정리되었다.

그 뒤 유식사상의 조직적인 정리와 발전은 미륵 · 무착 · 세친이라는 뛰어난 3대 논사에 의해서 이루어졌다.

이 중 미륵(Maitreya)에 관해서는 그가 역사적 인물인가의 여부를 둘러싼 학설이 다음과 같이 양분된다.

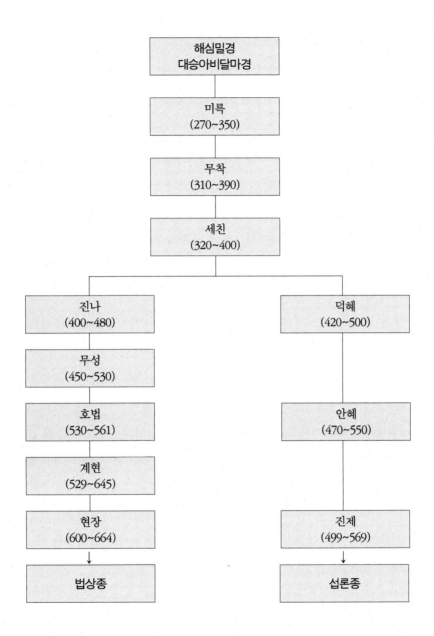

첫째, 미륵이란 역사적 인물은 아니다. 미륵보살신앙이 성했던 북인도에서 자란 무착이 그 영향을 받아 신앙의 대상이었던 미륵을 스승으로 받들어, 자신의 저작에 미륵의 이름을 붙였다는 것이다.

둘째, 미륵이란 무착의 스승으로서 실재했던 역사적 인물이다.

이 가운데 첫 번째 전설은 인도·중국·티베트의 다양한 문헌 가운데 '무착이 선정에 들어, 대신통력을 얻고 도솔천에 올라가 거기에 머무는 미륵보살을 받들어 가르침을 받았다'는 취지의 기술이 있는 것을 그 주장의 근거로 삼고 있다. 즉, 이 기술 내용은 무착이 선정 중에 경험한 신비체험으로 미륵은 무착의 마음 속에 나타난 영상에 지나지 않는다는 것이다.

이 같은 종래의 설에 대하여 1921년(대정 10년)에 우이 하쿠주(宇井伯壽) 박사는 두 번째, 즉 '역사적 인물로서의 미륵설'을 주창하고, 그의 생존연대를 기원후 270~350년경이라고 추정했다. 그 뒤 이 설에 대하여 많은 찬반양론이 일어났고, 아직껏 이 문제에 관한 결론은 나지 않은 상태이다.

그러나 여하튼 미륵의 저작이라는 다수의 논서가 전해지고, 그 중 몇 개는 공통의 사상으로 일관되어 있다. 미륵의 저작이라고 전해지는 것으로는 다음과 같다(유식관계의 논서만을 기술한다).

①『유가사지론(瑜伽師地論)』

②『대승장엄경론(大乘莊嚴經論)』

③『중변분별론(中邊分別論)』

④『법법성분별론(法法性分別論)』

(모두 게송뿐이다)

상세하게 말하면 중국 전승에는 『유가사지론(瑜伽師地論)』, 『분별유가론(分別瑜伽論)』(미번역), 『대승장엄경론(大乘莊嚴經論)』, 『변중변론(辨中邊論)』, 『금강반야경론(金剛般若經論)』이 있고, 티베트 전승에는 『대승장엄경론』, 『변중변론』, 『법법성분별론』, 『현관장엄론(現觀莊嚴論)』, 『구경일승보성론(究竟一乘寶性論)』이 있다.

위의 네 가지 논서 가운데 『유가사지론』 100권 (『대정장』 30권, 1579번)은 티베트어 번역에는 무착의 저술로 되어 있고, 또 내용적으로 보아도 다른 세 논서와 다르기 때문에 미륵의 저작으로 판정하는 데에는 의문의 여지가 있다.

그러나 다른 세 논서에는 모두 '허망분별(虛妄分別, abhūta parikalpa)', '소취·능취(所取·能取, grāhya grāhaka)', '현현(顯現, pratibhāsa, ābhāsa)'이라는 세 개념이 많이 사용되고, 또한 이들 세 개념에 근거한 공성설(空性說)이나 삼성설(三性說)에도 사상적 공통점이 인정된다.

미륵이라는 인물의 실재 여부를 별도로 하면 『대승장엄경론』, 『중변분별론』, 『법법성분별론』(모두 송문의 부분)의 세 논서는 동일인물(혹은 같은 파의 사람들)에 의해서 쓰인 것이고, 초기 유식사상을 알 수 있는 귀중한 문헌이다.

2) 유식설의 대성자-무착과 세친

미륵이 역사적 인물인지 아닌지 여부의 문제는 남아 있지만, 여하튼 『해심밀경』에서 천명된 유식사상을 조직적으로 발전시킨 인물은 의심할 것도 없이 무착·세친 두 형제였다. 형인 무착(Asaṅga, 310~350)은 북인도 간다라국의 푸루샤푸라에서 태어나 처음에는 소승불교(진제의 『바수반두법사전』에 의하면 설일체유부, 현장의 『서역기』에 의하면 화지부)에서 공관(空觀)을 수행했지만, 그것에 만족하지 않고 뒤에 미륵에게 사사(師事)하여 대승의 공관을 배워 대오(大悟)했다(여러 전기에서는 모두 무착과 미륵의 관계를, 무착이 대신통력에 의해 도솔천에 가서 미륵에게 가르침을 청했다는 신화적 표현을 빌어 설명하고 있다).

무착의 저작

① 『대승아비달마집론(大乘阿毘達磨集論)』
② 『현양성교론송(顯揚聖敎論頌)』
③ 『섭대승론(攝大乘論)』
④ 『순중론(順中論)』

⑤『금강반야경론(金剛般若經論)』

앞에서 기술한 것처럼 무착이 대승의 공관을 닦았다고 전해지는 것과, 용수의『중론』을 주석하여『순중론』을, 그리고『금강반야경』에 대한『금강반야경론』을 지었다는 것에서도 무착의 사상적 배경 중에 반야 공사상이 있었음을 여실하게 알 수가 있다.

또한『유가사지론』에서 무착이 많은 영향을 받고(『유가사지론』의 저자를 무착이라고 보는 설도 있다) 그것에 근거해서 지은 것이『대승아비달마집론』과『현양성교론송』이다.

그러나 무착의 최대 공헌은『섭대승론』을 지어서 그때까지 체계가 잡히지 않았던 사상을 정리하고 조직하여, 유식사상을 하나의 체계적인 교리로 정리해낸 것이다. 그에 의해 기초가 세워진 유식 교리는 뒤에 동생인 세친에 의해서 새로이 발전하게 되었다.

세친(Vasubandhu, 320~400)은 형 무착과 마찬가지로 처음에는 소승불교(설일체유부)를 배우고 그 뛰어난 학문적 재능으로 명성을 얻었지만, 뒤에 형 무착에게 감화되어 대승으로 전향하고 유식사상을 조직적으로 대성(大成)했다. 그가 소승시대에 저술했던 것이 유명한『아비달마구사론』이다.

세친의 저작(유식관계에 한정)

①『유식이십론(唯識二十論)』

②『유식삼십송(唯識三十頌)』

③『대승성업론(大乘成業論)』

④『대승오온론(大乘五蘊論)』

⑤『대승백법명문론(大乘百法明門論)』

⑥『불성론(佛性論)』

⑦『중변분별론』,『대승장엄경론』,『섭대승론』에 대한 주석

　세친의 학문적 특징 가운데 하나는 먼저 소승을 배우고, 그 뒤 대승으로 전환해서 미륵 혹은 무착의 논서에 대하여 면밀한 주석을 달았으며, 종래의 여러 학설을 모두 자기 것으로 소화했다는 점이다. 세친은 광범위한 학문적 지식과 더불어 사상을 정리하는 뛰어난 조직능력을 타고난 듯하다. 그는 먼저『유식이십론(唯識二十論)』에서 외계를 실재로 보는 학설을 예리한 이론으로 비판하고, 만년의 최후 저작『유식삼십송(唯識三十頌)』에서 종래의 사상에 새로운 개념을 덧붙여 불과 삼십송이라는 짧은 문장으로 유식사상을 조직적으로 대성했다.

　세친의 생몰년대에 관해서는 여러 가지 이설(異說)이 존재한다. 지금 그 가운데 주요한 것은, 320~400년경(우이 하쿠주 설), 350~470년경(오기와라 운라이 설), 420~500년경(다카쿠스 준지로 설) 등이다. 대체적으로는 제4세기 생존으로 보는 설과 제5세기 생존으로 보

는 설로 나뉜다. 또한 프라우발너가 '세친 2인설'을 주장했던 것도 유명하다(E. Frauwallner : On The Date of the Buddhist Master of Law Vasubandhu, Series Orientale Roma Ⅲ, 1951). 즉 유식유가행파에 속하며, 『유식이십송』 등을 지은 세친(320년경 출생)과 설일체유부에 속하면서 경량부적 사상을 가지고 『아비달마구사론』을 지은 세친(400년경 출생)을 다른 사람으로 간주했다.

3) 세친 이후

세친의 뒤를 이어 『유식삼십송』에 대한 많은 주석서가 지어지고 동시에 의견 대립이 생겨 유식유가행파가 몇 개의 파로 나누어진다. 『유식삼십송』에 대해 주석을 시도한 논사로는 친승(親承)·화변(火辨)·덕혜(德慧)·안혜(安慧)·난타(難陀)·정월(淨月)·호법(護法)·승우(勝友)·최승자(最勝子)·지월(智月) 10인의 이름이 전해지고 있다(그들을 합하여 '유식의 십대논사'라고 한다). 실제로 이들 10인 외에도 많은 주석가가 나왔으며, 서로 각각의 입장·견해를 가지고 유식의 중요한 교리에 관한 격렬한 논쟁을 하였다. 세친 이후의 주된 흐름으로는 다음과 같은 두 가지가 중요하다.

① 덕혜(德慧, Guṇamati, 400~480)에서 시작하여 안혜(安慧, Sthiramati, 450~550)로 이어진 무상유식파(無相唯識派)

② 진나(陳那, Dignāga, 400~480)에서 시작하여 무성(無性, Asvabhāva, 450~530), 나아가 호법(護法, Dharmapāla, 530~561)으로 이어진 유상유식파(有相唯識派)

유상유식파(Sākāra-vijñānavāda)와 무상유식파(Nirākāra-vijñānavāda)라고 부르는 명칭은, 적호(寂護, Śāntirakṣita 약 700~760)의 『타트바상그라하(Tattva-saṁgraha)』에 대한 연화계(蓮華戒, Kamalaśīla 730~800)의 주석서 가운데에서 확인되며, 후기에 이르러 그와 같이 불리게 된 것으로 보인다.

이 중 덕혜-안혜의 흐름은 진제(眞諦, ?~569)에 의해서 그 사상의 일부가 중국에 도입되어, '섭론종(攝論宗)'이 성립하게 된다. 또 진나-무성-호법의 흐름은 호법의 제자인 계현(戒賢, Śīlabhadra, 529~645)에게서 배운 현장에 의해서 중국으로 전해져 '법상종(法相宗)'이 되어 번창하기에 이른다.

세친 이후의 중요한 논사에 관해서는 두세 가지를 언급하고자 한다.

진나(陳那, Dignāga, 400~480)는 유식유가행파이면서 아뢰야식을 중심으로 하는 유식설을 제창하지 않고, 주로 육식(六識)의 영역에 있어서 '인식론' 내지 '지식비판론'의 연구에 전념했다. 그런 종류의 저작으로는 『관소연연론(觀所緣緣論)』(현장 역, 『대정장』 31권, 1624번), 『장중론(掌中論)』(의정 역, 『대정장』 31권, 1621번), 『취인가설론(取

因假說論)』(의정 역, 『대정장』31권, 1622번) 등이 있다. 나아가 진나는 불교의 논리학(인명, 因明) 분야에 있어서 새롭게 '구구인(九句因)'과 '인의 삼상(因의 三相)'을 세우고, 종래의 비론적(比論的) 논증(論証)을 연역적 논증으로 고쳐, 이른바 신인명(新因明)이라는 새로운 논리학을 성립시켰다. 그의 논리학 관계 저서는 『인명정리문론(因明正理門論)』(현장 역, 『대정장』32권, 1628번. 의정 역, 1629번), 『집량론(集量論)』(티베트 역) 등이 있다. 또 진나의 신인명은 그 뒤에 법칭(法稱, Dharmakīrti, 650년경)에 의해서 더욱 면밀하게 되었다.

무성은 무착의 『섭대승론』을 주석해서 『섭대승론석』(현장 역, 『대정장』31권, 1578번)을 지었다. 이 책은 세친의 『섭대승론석』과 더불어 『섭대승론』의 연구에는 빠질 수 없는 중요한 것이다.

호법은 세친 이후의 최대 논사로 유상유식계의 대성자이다. 보기 드문 수재로서 젊은 나이에 나란다 대승원의 학장이 되었다고 전해진다. 그의 문하에서 수많은 우수 제자가 배출되었지만 앞에서 기술한 것처럼 그중의 한 사람인 계현에게 사사했던 현장에 의해서 호법의 사상은 중국으로 전해져 법상종의 사상적 기반이 되었다. 그의 사상은 『성유식론(成唯識論)』[세친의 『유식삼십송』에 대한 10명의 주석을 호법의 설을 정설(定說)로 하여 정리한 것] 중에 정설로 인정된다.

무상유식계의 논사로서 중요한 인물은 안혜(安慧)이다. 그는 호법과 동시대에 활약했다. 호법과 마찬가지로 학문적 재능이 뛰어나서 유식과 인명뿐만 아니라 소승에도 통달하여 『아비달마구사론』에 대한 주석을 지었다(티베트 역만이 현존한다). 그의 주저『유식삼십송석론(唯識三十頌釋論)』과『중변분별론석소(中邊分別論釋疏)』는 모든 범문이 현존한다. 또한『대승장엄경론』에 대한 주석이 티베트 역으로 전해지고 있다. 그의 모든 주석은 자구(字句)를 한 단어 한 문장씩 엄밀하고 알기 쉽게 설명해가는 방법을 취하고 있으며, 그로 인해 학식에 대한 폭과 두뇌의 명석함을 엿볼 수가 있다. 또한 무착과 세친은 승의(勝義)의 입장에서 궁극적으로 '식(識)의 존재를 부정한다'는 '식경구민'(識境俱泯)의 사상을 강조하였고 안혜는 비교적 충실하게 이 입장을 이어받아서, 이 점에서는 세속의 입장에서 '식의 존재'를 주장하는 호법의 생각과 대립한다. 또한 안혜의 사상 중에는 여래장(如來藏) 사상이 강하게 나타나는 점도 주목해야 한다. 안혜와 진제 사이에 직접적 교류가 있었는지는 명확하지 않지만, 진제에게 분명히 안혜의 사상(엄밀하게는 안혜적 사상이라고 일컬어지는)이 영향을 미쳤음을 확인할 수 있다. 무상유식계와 유상유식계의 대립은 진제에서 출발하는 '섭론종(攝論宗)'과 현장을 종조(宗祖)로 하는 '법상종(法相宗)'의 대립이라는 형태로 중국에 계승되었다고 할 수 있을 것이다.

4) 중관파와의 관계

한편 일체(一切)의 존재를 부정하는 중관파와, 식의 존재를 인정하는 유식유가행파 양자는 그 교리 내용 자체와 나아가 종파 간의 문제도 얽혀 서로 대립할 수밖에 없었다. 양자의 대립은 '호법·청변 공유(空有)의 논쟁'으로 대표된다. 즉 인연소생(因緣所生)의 의타기성(依他起性)을 있다고 보는 호법(유가행파)과 그것을 없다고 보는 청변(중관파)은 각각의 입장에서 격렬한 논쟁을 했다. 이 논쟁은 『요의등(了義燈)』[혜소(慧沼)의 저]에 적혀 있을 뿐이고 그 진위는 분명하지 않지만, 유식유가행파가 하나의 파로 확립되어감에 따라 또 다른 세력인 중관파와 당연히 대립항쟁을 일으킬 수밖에 없는 당시의 상황을 여실하게 전하고 있다고 할 수 있다. 7세기 후반 인도를 방문했던 의정(義淨, 635~713)이 전하는 바에 의하면[『남해기귀내법전(南海寄歸內法傳)』권 제1], 당시 인도의 대승불교에는 중관파와 유가행파 두 파가 있었다고 한다.

그러나 이 두 학파가 대립과 논쟁만을 반복한 것은 아니다. 차츰 이 두 학파는 서로 영향을 주고받으면서 발전해갔다. 7세기 현장과 의정이 모두 방문했던 나란다 대승원은 당시 불교의 최고학부였으며, 거기에서는 유식과 중관 나아가 소승불교까지도 동시에 가르쳤다고 한다. 사람들은 불교의 모든 학설을 배웠고 또한 자기의 사상적 입장에서 각각 활발한 논쟁을 전개하였다. 달리 말하면 자기가 믿는 학설만을 고집하는 시대는 이미 지나갔으며, 비교논쟁을 통해서 다른 파의 학설도 어떠한 형태로든 자기의 학설 안에 받아들일 수밖에 없었다. 특히 아비달마의 면밀한 교리와 대승의 근본사상인 공사상을 잘 융합하고 통일하여 성립한 유식사상은 중관파 사람들에게 크게 영향을 끼쳐, 그들 가운데에 차츰 유식설을 받아들이는 일부의 무리가 출현했다. 그들을 합쳐서 '유가행중관파'라고 한다. 유식유가행파와 중관파의 관계를 간단하게 그림으로 나타내면 다음과 같다. 뒤에 말하는 경량부와의 관계를 부기해둔다.

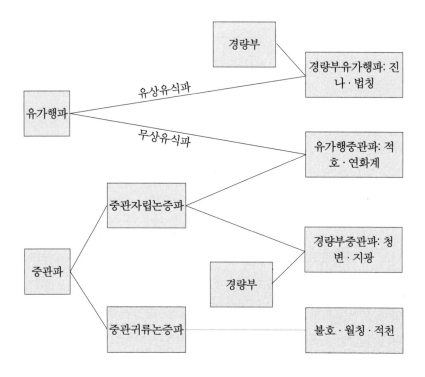

중관파는 용수 이후 내부대립이 일어나서 '스바탄트리카파(Svātantrika, 중관자립논증파)'와 '프라상기카파(Prāsaṅgika, 중관귀류논

증파)'로 분열했다. 후자는 불호(仏護, Buddhapālita, 470~540)를 종조(宗祖)로 하여 논적의 주장을 파척(破斥)하는 경우에만 논리를 사용한 데 반하여, 전자는 청변을 종조(宗祖)로 하여 자설(自說)의 주장과 논적의 파척 가운데 어떠한 경우에도 논리를 자유자재로 사용하는 입장을 취한다. 청변에서 시작하는 일파를 '경량부중관파'라고도 하며, 소승의 경량부 설을 받아들여서 외계는 실재한다는 입장에 선다. 그런데 같은 스바탄트리카파에 속하면서 외계는 비실재한다고 하는 유식유가행파 중에서도 무상유식파의 설을 채용하는 사람들이 나타나고, 이 생각은 적호에 이르러 대성되어 여기에 '유가행중관파'가 성립했다. 적호의 제자인 연화계는 티베트에 불교를 전한 인물로서 유명하다.

또한 유식유가행파 중의 유상유식학파는 앞에서 기술한 바와 같이 진나에서 시작되지만, 그는 경량부의 인식론·지식론을 많이 받아들여 유식설의 논리적 해명에 전념했다. 이 경향은 법칭에 의해서 한층 강조되고, 그 후에 이 일파는 '경량부유가행파'라고 불리기도 한다. 이 계통으로서는 그 밖에 즈냐나슈리미트라(Jñānaśrīmitra 980~1030), 라트나키르티(Ratnakīrti 1000?~1050?)가 있다.

5) 여래장사상과 유식사상

여래장사상이란 모든 사람들(일체중생)은 번뇌에 덮여 있지만 자기 속에 '여래 (tathāgata)'의 '태(garbha)'를 가지고 있다는 생각, 환언하면 어떤 사람이라도 부처가 될 가능성을 가지고 있다는 사상이다. 이 사상의 맹아(萌芽)는 원시불교 이래 설해지는 '자성청정심(自性淸淨心)'의 사상이지만, '여래장'이라는 말을 최초로 사용하여 그 사상을 천명한 것은 『여래장경(如來藏經)』(『대정장』 16권, 666번, 667번)이고, 그 후 『부증불감경(不增不減經)』(『대정장』 16권, 668번), 『승만경(勝鬘經)』(『대정장』 16권, 353번)으로 계승되어, 나아가 『열반경(涅槃經)』(『대정장』 12권, 374번)에서 여래장은 불성(佛性, dharma-dhātu)으로도 불리게 되었다. 유명한 '일체중생실유불성(一切衆生悉有佛性, 모든 중생은 다 불성을 갖추고 있다)'의 구절은 『열반경』 안에 있다. 여래장사상을 조직적으로 대성한 논서는 『구경일승보성론(究竟一乘寶性論)』(『대정장』 31권, 611번)이다.

그런데 유식사상이 흥기할 즈음에는 이미 여래장사상은 성립해 있었고 유식사상도 당초부터 그 영향을 받을 운명에 있었다. 초기 유식설을 대표하는 미륵이 지은 논서, 예를 들면 『중변분별론송』, 『대승장엄경론송』 등에 이미 자성청정심 내지 여래장 사상이 확인된다. 그리고 세친에 이르러 명백히 그 사상은 천명되었다. 여래장 계통에서 『구경일승보성론』과 더불어 중요한 논서인 『불성론』은 세친의 저작으로 여겨진다.

유식사상과 여래장사상의 교류는 차츰 아뢰야식과 여래장의 결합을 낳게 하였다. 양자의 결합의 맹아는 『대승장엄경론』, 『십지경론』, 『불성론』 등에 있지만, 『능가경』에서는 명백히 양자가 동일시되고, 나아가 『대승기승론』에 이르러 이른바 '여래장연기설(如來藏緣起說)'이 조직적으로 대성되었다. 『불성론』과 『구경일승보성론』의 전후관계 및 『능가경』과 세친의 전후관계, 나아가 『대승기승론』이 중국 찬술이 아닐까라는 문제 등은 아직껏 정설은 없고 학자 사이에 많은 논의를 불러일으키고 있다.

3. 중국의 유식사상

1) 세 가지의 흐름

이상 주로 인도에서 유식사상이 어떻게 전개되었는지를 조망해보았지만, 여기서는 중국으로 눈을 돌려보자. 현재 일본에 전해지고 있는 유식사상(종파로서는 법상종)은 인도에서 직접 전래된 것이 아니라, 중국에서 발전하여 변모된 것이다. 먼저 중국에서 이루어진 전개과정을 간단히 그림으로 나타내보면 다음과 같다.

이 그림에서 알 수 있는 것처럼 중국에서 유식사상의 흐름은 '지론종', '삼론종', '법상종'의 세 계통으로 나누어진다. 이 세 종파의 성립 및 교의 내용을 간단히 기술하고자 한다.

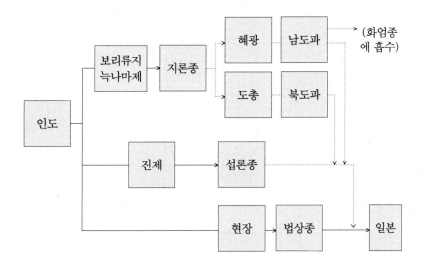

2) 지론종(地論宗)

북위선무제(北魏宣武帝)의 영평 원년(508년)에 인도로부터 보리류지(菩提流支, Bodhiruci, 508~535), 늑나마제(勒那摩提, Ratnamati, 508~?) 등이 중국에 왔는데, 선무제는 그들에게 명하여 세친의 『십지경론』(『대정장』 26권, 1522번)을 번역케 하였다. 이 『십지경론』을 소의 경론으로 하여 성립한 것이 '지론종'이다. 이 파는 뒤의 도총(道寵)을 조(祖)로 하는 '북도파(北道派)'와 혜광(慧光, 468~537)을 조로 하는 '남도파(南道派)'로 분열하고, 전자는 아리야식(阿梨耶識, ālaya-vijñāna의 구역)을 염오생멸(染汚生滅)의 망식(妄識), 후자는 그것을 무구순정(無垢純淨)의 진식(眞識)으로 간주하고, 또한 전자는 모든 존재가 아뢰야식으로부터 생긴다는 리야의지(梨耶依持)설을, 후자는 모든 존재가 법성·진여로부터 생긴다는 진여의지(眞如依持)설을 각각 주장하여, 서로 자기의 입장에서 격렬한 논쟁을 펼쳤다. 그러나 얼마 지나지 않아 북도파는 세력을 잃고, 뒤에 일어난 섭론종에 흡수되었다. 그러나 다른 한편 남도파는 지론종의 전통을 이어받아 육조(六朝)로부터 수(隋)에 걸쳐서 번영하였다. 그러나 이 파도 수나라 말 당나라 초에 걸쳐서 섭론종 혹은 화엄종에 흡수되고 말았다.

3) 섭론종(攝論宗)

번역의 4대가(羅什·眞諦·玄奘·不空)의 한 사람인 진제(眞諦, Paramārtha, 499~569)는 양무제에게 초빙되어 태청 2년(548년)에 양의 수도 건업(建業)에 도착하여, 이후 중국의 동란기 와중에 각지를 방랑하면서 수많은 번역을 수행했다. 특히 무착의『섭대승론』을 번역(진제 역,『섭대승론석』15권,『대정장』31권, 1595번)함으로써 교리적으로 꽤 정리된 유식사상이 중국에 전해지고, 이것에 의해서 '섭론종'이 성립했다.

이 파 교리의 특징 중 하나는 아리야식을 진망화합(眞妄和合)의 식

68

으로 본 것이고, 또 다른 하나는 제8아리야식 위에 순정하고 무구한 제9식 즉 '아마라식(阿摩羅識)'을 세운 것이다. 이 파는 지론종의 북도파를 흡수하여 한때 번영했지만, 당대에 이르러 법상종이 흥륭함에 따라 급격하게 쇠퇴해갔다.

4) 법상종(法相宗)

법상종은 삼장법사란 이름으로 세상에 널리 알려진 당의 고승 현장이 인도에서 중국으로 전한 유식설에 기초하여, 그의 제자인 자은대사 규기(窺基, 632~682)가 확립한 종파이다. 현장의 소설 『서유기』에서 엿볼 수 있는 것처럼 천신만고 끝에 인도로 건너가 인도에 체제하던 중 널리 소승·대승을 배웠지만, 특히 호법(護法)의 제자인 계현(戒賢)으로부터 유식사상을 배웠다. 이 유가유식사상의 습득이야말로 현장이 인도에 유학한 목적이었다. 그는 인도에서 얻은 학식과 수많은 경론을 지참하고, 정관 19년(645년) 장안에 돌아와 17년간에 걸친 긴 유학 여정을 마쳤다.

귀국 후 현장은 가지고 온 경론의 번역 사업을 열정적으로 행하여 입적할 때까지 19년에 걸쳐 74부, 1335권에 이르는 방대한 양의 번역을 완수했다[현장의 번역을 '신역(新譯)'이라 하며 그 이전의 번역을 '구역(舊譯)'이라 부르기도 한다].

현장은 이와 같이 소승, 대승에 걸친 수많은 경론을 번역했지만, 그가 바라는 것은 어디까지나 유식사상의 선양(宣揚)이었다. 따라서 인도에서 습득한 전통적 유식사상의 학식에 근거하여 주로 유식계의 경론을 많이 번역하였다.

특히 『성유식론』 10권 (『대정장』 31권, 585번)의 번역은 중국 불교사상 획기적인 사업이었다. 이 책은 세친의 『유식삼십송』에 대한 10인의 주석을 합한 것으로서, 그중에서 호법의 교설을 바른 설(正義)로서 선양하고 있다(법상종의 별명이 호법종이라고 불리는 이유이다).

위대한 번역가로서 현장의 업적은 제자인 규기의 노력에 의해서 '법상종'이라는 열매를 맺는다. 규기는 『성유식론술기(成唯識論述記)』를 비롯하여 『변중별론술기(辨中邊論述記)』 등 수많은 주석서(述記)를 작성하여, 현장이 선양하려던 호법 유식을 하나의 종파의 종지로까지 정립했다. 이런 의미로 법상종의 개종(開宗)은 현장이 아닌 규기이다.

규기의 뒤를 이어 혜소(慧沼, 650~714)가 『성유식론요의등(成唯識論了義燈)』을 짓고, 다시 그 제자인 지주(智周, 668~723)가 『성유식론연비(成唯識論演秘)』를 지어 호법의 유식설을 더욱 정립하고 발전시켰다(규기의 『추요』, 혜소의 『요의등』, 지주의 『연비』를 합하여 '유식삼개소(唯識三箇疏)'라고 하며, 이는 규기의 『술기』와 함께 『성유식론』의 중요한 주석서이다).

앞에서 기술한 바와 같이 지론종은 『십지경론』을, 섭론종은 『섭대승론』을 각각 소의의 경전으로 했지만, 그들은 모두 인도 유식의 일면밖에 전하지 않았고, 따라서 양 종파 모두 인도의 전통적 유식설을 바르게 이해하지 못하면서 주로 말초적인 문제의 고찰에 전념한 측면이 있다. 여기에 대하여 법상종은 현장의 위대한 노력에 의해서 미륵·무착·세친부터 호법에 이르기까지 인도유식의 전통설을 직접 계승하였다. 그리고 그러한 자부심을 토대로 그 당시 불교계에 큰 세력을 떨치게 되었다. 그 결과 지론종, 섭론종은 법상종의 압박을 받아 없어지거나 법상종에 융합될 운명에 처하게 되었던 것이다.

이 법상종은 뒤에 언급하는 것처럼 당나라 시대에 중국에 유학했던 도소(道昭), 지달(智達), 현방(玄昉) 등에 의해서 일본에 전해지고, 같은 법상종으로서 번영하여 현재에 이르고 있다.

4. 일본의 유식사상

1) 전래 과정

일본에서 유식사상이 어떻게 전개되었는지 간단하게 서술해보자.

중국의 법상종은 유학승들에 의해서 일본에 전해졌다. 일본은 다음의 네 가지 경로를 통해서 전해졌다.

① 도소(道昭)는 653년(白雉 4년) 당에 들어가 현장, 자은의 문하에서 배우고, 661년(?) 귀국.

② 지통(智通)·지달(智達)은 658년 당에 들어가 현장·자은의 문하에서 배웠으며 귀국 연월은 명확하지 않음.

③ 지봉(智鳳)·지란(智鸞)·지웅(智雄)은 703년(大寶 3년) 당에 들어가 법상종 제3조인 지주(智周)의 문하에서 배우고 당에 수년간 머무르다가 705년 혹은 706년 귀국.

④ 현방(玄昉)은 717년(養老 원년) 당에 들어가 지주의 문하에서 배우고, 735년(天平 7년) 귀국.

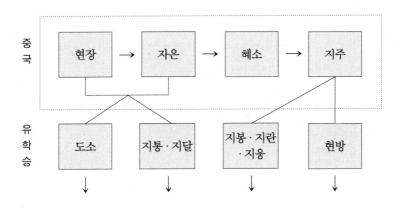

이상의 경로로 일본에 전해진 법상종은 나라시대를 거쳐, 남도불교의 하나로서 번영하였다. 특히 제1전(第一傳)의 도소는 원흥사(元興寺)에서, 제4전(第四傳)의 현방은 홍복사(興福寺)에서 제각각 유식설을 전파했기 때문에 원흥사와 홍복사가 특히 번영하고, 전자는 남사(南寺), 후자는 북사(北寺)라고 불리었으며, 이 남북양사는 각각 교의의 경합을 벌여 많은 명승과 논서를 낳았다. 중요한 학승과 그 업적 및 주요 저작을 일람표로 정리해보자.

2) 일본 법상종의 소연표(인물과 저작)

	北寺系 · 興復寺	南寺系 · 元興寺
아스카		· 도소(道昭, 629-700) 제1전자. 남사계의 종조 · 지통(智通, 658-674) 제2전자
나라	· 지봉(智鳳, ?-706) 제3전자. 신라 사람 · 의연(義淵, ?-728) 지봉에게 배움 · 현방(玄昉, 691-746) 제4전자 · 선주(善珠, 724-797) 현방의 제자. 세상에 '秋篠의 善珠'라고 불린다. 호명과 함께 천태 · 진언과 대립. 법상유식의 대성자. 『唯識義燈增明記』,『唯識分量決』,『因明論疏明燈抄』,『法苑義鏡』	· 행기(行基, 668-749) 각지를 유력하고 사회사업에 전념 · 호명(護命, 750-834) 선주와 함께 법상종의 융성에 힘씀. 최징의 원돈계단(最澄의 圓頓戒壇) 설립에 반대한 대표자. 『大乘法相研神章』

74

	北寺系 · 興復寺	南寺系 · 元興寺
헤 이 안	· 공청(空晴, 877-957) 쇠미한 법상종을 부흥. 그의 門 流를 喜多院流라 부르고, 제자에 중산이 있다. · 중산(仲算, 935-976) 세상에서 '松室의 仲算'이라고 한다. 應化의 宗論에서 北嶺의 良源을 논파. 『四分義極略私記』 · 진흥(眞興, 934-1004) 세상에 '子島의 眞興'이라고 한 다. 성유식론의 明詮導本에 點을 가함. 『唯識義私記』 · 장준(藏俊, 1104-1180) 『大乘法相宗名目』, 『因明大疏 抄』.(『成唯識論同學鈔』의 선구 가 된 『成唯識論本文抄』는 장준 의 저술이라 일컬어진다.) · 각헌(覺憲, 1131-1212) 장준 · 정경과 함께 당시 유식 3 대학장이라 불림	· 명전(明詮, 788-868) 세상에 '音石의 明詮'이라고 한 다. 『성유식론』에 대한 導註 및 裏書를 작성. 이후에 일본법상종 교학의 지침이 됨. 명전 이후 원홍사계는 홍복사계 에 합류됨

	北寺系·興復寺	南寺系·元興寺
가마쿠라	· 정경(貞慶, 1155-1213) 법상종 중흥의 종조. 겸창시대의 신불교에 대항하여, 남도구불교의 부흥에 노력함. 세상에서는 '解脫上人'이라 불린다. 『唯識論尋思抄』, 『成唯識論同學抄』는 장준·정경 등의 논초를 양경의 제자인 良算·興玄 등이 편집한 것이라 한다. · 양편(良遍, 1194-1252) 법상종이 쇠미해가는 와중에 그 부흥에 노력함. 그의 주저인 『觀心覺夢鈔』는 그 뒤 유식사상의 입문서로서 존중됨 정경·양편에 의해서 법상종은 한때 부흥했지만 무로마치 시대로 접어들자 다시 쇠미의 길을 걷기 시작함	
무로마치	· 광윤(光胤, 1396-1468) 『唯識論聞書』 · 선념(善念, ?-1560) 『成唯識論泉鈔』	

	北寺系・興復寺	南寺系・元興寺
에도	・고범(高範, 1655-1723) 『成唯識論訓讀記』, 『成唯識論口傳抄』 ・기변(基辨, 1681-1750) 『大乘法苑義林章師子吼鈔』	에도 이후는 뛰어난 유식학자가 법상종 외의 파에서 더 많이 배출됨. 주요 인물은 다음과 같다. 〈진언종〉 ・법주(法住, 1723-1800) ・쾌도(快道, 1751-1810) 『二十唯識述記權衡鈔』 ・계정(戒定, 1750-1805) 『二十唯識論帳秘錄』 〈화엄종〉 ・봉담(鳳潭, 1657-1738) 『成唯識論述記引錄』 ・각주(覺洲, ?-1756) 『唯識東海傳』 〈정토종〉 ・문증(聞証, 1635-1688) 『成唯識論略解』, 『略述法相義』, 『百法問答抄私考』 ・신배(信培, 1673-1744) 『成唯識論述記集成編』 ・보적(普寂, 1707-1781) 『攝大乘論釋略疏』, 『成唯識論略疏』 ・좌백욱아(佐伯旭雅, 1828-1891) 『冠導增補成唯識論』, 『唯識論名所雜記』

	北寺系·興復寺	南寺系·元興寺
메 이 지	·좌백정윤(佐伯定胤, 1867-1952) 『唯識三類境本質私記』 『新導成唯識論』	〈정토진종〉 ·보운(寶雲, ?-1847) 『唯識三十頌要解』 ·덕룡(德龍, 1772-1858) 『解深密經講賛』 ·수존(秀存, 1788-1860) 『唯識三類境講義』

5. 주요 경전과 논서

1) 6경 11논

법상종이 근거로 하는 경전과 논서는 옛날부터 '6경 11논'이라 부르는데, 다음 6개의 경전과 11개의 논서가 있다.

경전

① 『화엄경』
② 『해심밀경』
③ 『여래출현공덕장엄경』
④ 『대승아비달마경』
⑤ 『입능가경』
⑥ 『후엄경』

논서

①『유가사지론』

②『현양성교론』

③『대승장엄경론』

④『집량론』

⑤『섭대승론』

⑥『십지경론』

⑦『분별유가론』

⑧『관소연연론』

⑨『유식이십론』

⑩『변중변론』

⑪『대승아비달마잡집론』

위의 책 가운데 중요한 경론 및 그 밖의 두세 가지의 논서에 대해서 해설해보기로 한다.

2)『화엄경(華嚴經)』〔『대방광불화엄경(大方廣佛華嚴經)』〕

범명 Buddhāvataṃsaka -nāma -mahā -vaipulya -sūtra.

성립연대 4세기경에 정리(「십지품」은 1세기 혹은 2세기에 성립).

한역(漢譯)

① 동진, 불타발타라 역, 『대방광불화엄경』 60권.

② 당, 실차난타 역, 『대방광불화엄경』 80권.

③ 당, 반야 역, 『대방광불화엄경』 40권 (「입법계품」만을 별도로 번역).

『화엄경』의 내용은 불타가 보리수 아래에서 깨달았던 깨달음을 선정(海印三昧)에 든 상태에서 설시한 것이라는 설정으로 되어 있고, 초기대승경전 가운데에서는 그 내용이 심원한 것으로 유명하다. 불타발타라(佛陀跋陀羅) 번역으로는 60권 (『육십화엄』), 실차난타(實叉難陀) 번역으로는 80권(『팔십화엄』)에 이르는 방대한 것이지만, 그 가운데서 「십지품」과 「입법계품」이 가장 먼저 성립되었고, 게다가 내용적으로도 중요한 장이다(십지품은 『십지경』으로서 별도로 하나의 경전으로 편찬된다).

『화엄경』은 중국에서 성립한 화엄종의 소의(所依) 경전으로서 유명하지만, 그러나 이미 인도에서 유식유가행파에 큰 영향을 미쳤다. 왜냐하면 『화엄경』은 앞에서 말했던 것처럼 해인삼매라는 선정의 한가운데에서 설해진 것이기 때문에 경전 전체에 유식론적 경향이 매우 강하다. 특히 앞에서 기술한 바와 같이(39쪽 참조), 또 뒤에서도 인용하겠지만(141쪽 참조), 「십지품」에서 설해지고 있는 다음의 문장은 유식설의 중요한 교증(敎證) 중 하나로서 유식유가행파에서 중요하게 여겨지고 있다. 그 경문은 또한 이 생각을 짓는다. 삼계는 허망하여 단지 이 마음이 지은 것이다. 십이연분(十二緣分)은 이 모두 마음에 의지한다.(불타발타라 역,『대정장』9권, 558쪽 하)

라는 한 게송이다.

『화엄경』에 있어서 유심설만큼이나 주목해야 하는 것은 보살의 수행을 강조하고 있다는 점이다. 그 수행을 10단계로 나누어 깊어져가는 심경을 서술한 것이 「십지품」이고, 숭고하며 쉼 없는 보살의 구도 정신을 선재동자 편력의 이야기로써 말한 것이 「입법계품」이다.

3)『해심밀경(海深密經)』

범명 Saṃdhi -nirmocana -sūtra.

성립연대 기원후 300년 전후.

한역

① 북위, 보리류지 역,『심밀해탈경』5권.

② 당, 현장 역,『해심밀경』5권.

③ 진, 진제 역,『불설해절경』1권(초역).

④ 송, 구나발타라 역,『상속해탈경』2권(초역).

『해심밀경』은 유식설을 처음으로 천명한 경전으로서 유명하다. 또한 경전의 형태를 취하고 있지만 내용적으로는 제법(諸法)의 분석과 연구(아비달마)를 주안점으로 한, 소위 아비달마 논서의 체제를 취하고 있는 점에서도 특이하다. 한역본이 4본 있지만(2본은 초역), 이 가운데 법상종은 현장이 번역한 『해심밀경』을 사용한다. 『해심밀경』의 중요한 언급을 두세 가지 들어보자.

　① 육식의 깊은 곳에 또 하나의 심적 요소를 설정하고, 그것을 '일체종자심식', '아타나식', '아뢰야', '심'의 이름으로 부르고 있다.(「심의식상품(心意識相品)」)

　② '비발사나라는 선정에 들어 정신을 통일할 때 나타나는 인식대상(영상)은 마음과 서로 다른 것은 아니고, 마음이 변화해서 나타난 것에 지나지 않는다(식의 소연은 오직 식이 나타난 것이다.)'라는 선정 체험에 근거한 유식설이 명확히 주장되고 있다.(「분별유가품(分別瑜伽品)」) 이것도 후술한 바와 같이(141쪽 참조) 유식설에 대한 하나의 교증이 되고 있다.

　③ 삼성설과 삼무성설이 처음으로 설해지고 있다.(「일체법상품(一切法相品)」,「무자성상품(無自性相品)」)

　④ 전술한 것처럼(45쪽), 삼시 교판이 설해지고 있다.

아뢰야식설과 삼성·삼무성설은 본래는 제각기 다른 기원으로부터 성립한 것이지만, 이 해심밀경에서 처음으로 하나의 경전 가운데 독립해서 병기(並記)되기에 이른다. 후에 아뢰야식과 삼성·삼무성설은 이론적으로 결부된 것이지만, 『해심밀경』에서는 아직 양자의 결합이 보이지 않으며, 나아가 아뢰야식보다도 아타나식(ādāna – vijñāna)이라는 표현이 중요시되고, 더구나 그 성질이라든가 아뢰야식연기 등에 대해 아직 면밀한 고찰이 되지 않은 점 등은 『해심밀경』이 최초기의 유식 경전이라는 것을 여실하게 이야기해준다.

또한 『해심밀경』과 더불어 최초기의 유식경전으로서 중요한 것에는 『대승아비달마경』이 있다. 그러나 이 경의 범본·한역은 전하지 않고, 다른 논서에 단편적으로 보이는 몇몇 인용문 이외에는 이 경의 내용을 제대로 알 수 있는 자료가 없다. 현재 본 경문으로서 12경문이 알려져 있지만 그중 중요한 것은 다음의 3게송이다.

① 무시 이래의 시간으로부터 이 계(界)가 존재한다. 일체법이 똑같이 의존한다. 이것이 있음으로 말미암아 윤회의 세계 및 열반의 증득이 있다.

② 제법을 포섭하는 일체종자식에 말미암기 때문에 아뢰야식이라 부른다. 승자(勝者)에게만 나는 개시한다.

③ 제법은 식에 저장된다. 식은 법에 있어서 또한 그러하다. 다시 상호 과성(果性)으로 된다. 또 항상 인성(因性)으로 된다.

이 세 게송에서 명백하게 추찰(推察)할 수가 있는 것처럼, 『해심밀경』에서는 명확하게 설해지지 않았던 아뢰야식연기설이 이 경에서는 전면적으로 천명되고 있다.

또한 위에서 기술한 세 개의 게송 가운데에 제1게송은 여래장사상에서도 중요시되는 게송임을 부기해둔다(진제 역『섭대승론석』,『대정장』, 31권, 156쪽 하.『구경일승보성론』,『대정장』31권, 839쪽 상).

4)『입능가경(入楞伽經)』

범명 Laṅkāvatāra -sūtra.

성립연대 400년~500년경.

한역

① 송, 구나발타라 역,『능가아발다라보경』4권.

② 북위, 보리류지 역,『입능가경』10권.

③ 당, 실차난타 역,『대승입능가경』7권.

『입능가경』의 '능가'는 Laṅkā(랑가)의 음역이고, 스리랑카(실론)의 옛 이름 혹은 그 성읍의 이름이었다고 한다. 따라서『입능가경』은 '랑가섬 즉 실론섬(혹은 그 도성)에서 설해진 경전'이라는 의미이다.

이 경은 유식설을 중심으로 해서 그때까지 대승의 모든 사상을 집성한 것이지만, 특히 조직적으로 정리한 것은 아니다. 이 경의 특징을 몇 가지 들어보자.

① 이 경의 중심 테마는 '오법(五法)·삼성(三性)·팔식(八識)·이무아(二無我)'를 설하는 것이다.

② 특히 아뢰야식설과 여래장사상을 결합하고, 아뢰야식=여래장이라고 명확하게 정의하고 있다.

③ 이 경의 유식설은 '모든 존재는 자기의 마음이 현현한 것이고, 외계의 사물은 비존재이다(svacitta -dṛśya -bāhyabhāvâbhāva)'라는 정형구로 대표된다. 또 '자기의 마음의 현현에 지나지 않는다'라고 깨달아 외계에 대한 집착을 버릴 것을 강조하는 점에서, 이 경의 유식설은 매우 실천적인 색채가 강하다. 이 경의 사상적 배경에는 중관의 공사상이 강하게 작용하고 있다.

④ 식의 종류가 8종이라는 식설(識說)이 명백하게 설해지고 있다.

어쨌든 이 경은 분명하게 유식사상을 주장하지만, 그 교리가 조직적이지 않은 점, 문장의 표현과 교설에 독자성이 인정되는 점, 나아가 그 밖에 몇 가지 점으로 판단해볼 때 이 경은 유식유가행파의 정통에 속하지 않는 사람들의 손에 의해서 만들어졌을 것이라고 추측되고 있다.

『입능가경』에는 범문이 현존하지만 그것이 일시에 성립한 것은 아니며 원형은 400년경에 만들어지고 후에 부가되어, 500년경에 현재의 범본이 성립한 것으로 추찰되고 있다. 세친의 저작에 전혀 인용되지 않기 때문에 이 경은 세친 이후에 만들어졌다는 설이 종래 받아들여지고 있지만, 최근은 세친 연대를 5세기로 낮춘 설이 유력하기 때문에 이 경을 세친 이전이라고 하는 생각이 지지를 얻고 있다.

5) 『유가사지론(瑜伽師地論)』

범명 Yogācāra-bhūmi.
저자 미륵 혹은 무착.
한역 당, 현장 역, 『유가사지론』 100권.

이 논서는 유식의 가르침을 실천하는 사람들(유가사들)이 밟아가는 17종의 단계(17지)를 설하는 것이고, 유식사상을 종합한 형태로 서술한 최초의 논서이다.

또한 백 권에 이르는 대작으로 옛날부터 「광석제경론(廣釋諸經論)」이라는 이름으로 불리고 있는 것처럼, 지금까지의 모든 경에 나오는 중요한 소설(所說)을 거의 남김없이 총망라해서 일종의 불교백과사전 성격을 띠고 있다.

특히 유식사상과 관련하여 본다면, 이 논서의 제75권에서부터 78권에 걸쳐서 『해심밀경』의 서품을 제외한 나머지 모두가 인용되고 있는 것으로부터도 알 수 있듯 이 논서는 『해심밀경』의 영향을 다분히 받고 있다.

이 논서의 중요한 장인 「본지분」과 「섭결택분」을 비교하면, 「본지분」에서는 아뢰야식사상이 아직 조직적으로 논술되지 않고, 삼성·삼무성설도 명칭을 나열하는 정도에 지나지 않는다. 그러나 「본지분」 뒤에 지어진 「섭결택분」에서는 아뢰야식에 대해서 꽤 조직적으로 논술하고 있다. 즉,

① 아뢰야식의 존재를 팔종(八種)의 도리에 의해서 논증하고,
② 아뢰야식이 구체적으로 활동하는 현상계(流轉相)의 측면과 그 활동이 멸하는 비현상계(還滅相)의 측면의 두 방면에서 아뢰야식의 성질을 면밀하게 고찰하고 있다.(권 제51)

이 논술은 그 이후 아뢰야식설 전개의 출발이 되며, 이 의미에서도 『유가사지론』이 후세에 끼친 영향은 지대하다. 다만, 삼성·삼무성설에 관해서는 『해심밀경』 이상의 새로운 발전은 인정되지 않는다.

이 논서의 저자에 관해서는 미륵의 저서 혹은 무착의 저서로 보는 두 개의 설로 나뉘어 있어, 아직 정설은 없다. 그러나 가령 미륵을 역사적 인물이라고 해도 논서의 내용으로 보면 『대승장엄경론』, 『중변분별론』 등을 저술한 미륵이 지은 것으로 단정하는 것은 곤란하다. 100권에 이르는 대작이라는 점, 또 그 중심인 「본지분(本地本)」은 「십칠지경(十七地經)」 혹은 「십칠지론(十七地論)」으로도 불리는 별본으로 되어 있던 점, 나아가 「본지분」 가운데의 「보살지」는 담무참이 번역한

『보살지지경(菩薩地持經)』10권, 구나발마가 번역한 『보살선계경(菩薩善戒經)』9권으로서 경전의 이름 밑에 별도로 번역되고 있는 점, 나아가 「본지분」과 「섭결택분」 사이에 사상적 발전이 인정되고 있는 점 등을 여러모로 종합해 생각해보면, 현행의 이 논서 전체는 몇몇 사람들에 의해서 어떤 기간에 걸쳐 정리된 것이라고 보는 것이 타당할 것이다.

또 이 『유가사지론』의 주요한 내용을 취합한 것이 현장이 번역한 『현양성교론』20권과 『대승아비달마집론』7권이다. 『현양성교론』20권은 게송과 장행문(해석문)으로 되어 있는데, 게송은 무착이, 장행문은 세친이 지었다고 전해진다. 『대승아비달마집론』7권은 무착의 저작이고 그것에 사자각(師子覺)의 주석을 덧붙여서 안혜가 정리한 것이 현장이 번역한 『대승아비달마잡집론』16권이다.

6) 『대승장엄경론(大乘莊嚴經論)』

범명 Mahāyāna-sūtrālaṃkāra.
저자 송-미륵, 주석-세친.
한역 당, 파라파밀다라 역, 『대승장엄경론』13권.

범어의 제목에서 보면 '대승경의 장엄'이라는 의미로, 유식설에 근거한 대승의 가르침을 아란까라(alaṃkāra, 장엄)라는 문체 형식에 의해

선양하려는 것이 이 논서의 취지이다.

논서는 게송과 장행문으로 구성되어 있지만, 게송은 미륵이, 장행문은 세친이 지었다고 전해진다.

이 논서의 전체 체제는 『유가사지론』 보살지의 체제를 그대로 채용하고 있지만, 사상적으로는 상당한 발전이 보인다. 그 현저한 점은 '소취·능취(grāhya-grāhaka)', '허망분별(abhūta-parikalpa)', '현현(ābhāsa, pratibhāsa)'이라는 새로운 개념을 종횡으로 사용해서 유식무경의 설명을 시도하고 있다는 점이다.

그러나 아직은 아뢰야식설, 삼성설에 관해서 조직적으로 서술되지 않고 미륵의 저작이라고 일컬어지는 논서 중에서는 최초기에 속하는 것이다.

7) 『중변분별론(中邊分別論)』

범명 Madhyānta-vibhāga-bhāṣya.

저자 송-미륵, 주석-세친.

한역

① 진, 진제 역, 『중변분별론』 2권,

② 당, 현장 역, 『변중변론』 3권.

제목은 '중(도)와 변(극단)을 현시하는 논'이라는 의미로, 불교의 근본사상인 중도를 유식설에 근거해서 설시하는 것이 이 논서의 취지이다. 모두(冒頭)에 나오는 다음의 게송이 그 취지를 단적으로 제시한다.

　허망분별은 있다. 그러나 거기에는(허망분별 안에는) 둘인 것 [파악되는 대상(所取)·파악하는 주체(能取)]이 없다. 그런데 거기에는 공성이 있고, 또한 거기에(공성 안에) 그것(허망분별)이 있다.

　즉, 허망분별과 공성이 존재하기 때문에 공도 아니고, 파악되는 대상(소취)·파악하는 주체(능취)가 존재하지 않기 때문에 불공(不空)도 아니라는 비공비불공(非空非不空)의 중도가 중관파와 다른 이론의 토대하에 주장되고 있다. 이 논서의 게송은 미륵 작, 장행문은 세친 작이라고 전해지고, 그 이론적 골격을 이루는 개념은 『대승장엄경론』과 같이 '허망분별', '소취·능취', '현현' 등이다. 그러나 이 논서의 소설은 『대승장엄경론』보다도 조직적으로 정리되어 있다. 따라서 그보다도 후에 지어진 것으로 추측된다.
　또 안혜가 이 논서에 주석을 붙인 것이 범문으로 남아 있어, 이 논서의 연구에는 빠뜨릴 수 없는 문헌이다.

8) 『섭대승론(攝大乘論)』

범명 Mahāyāna-saṃgraha.

저자 무착.

한역

① 후위, 불타선다 역, 『섭대승론』 2권.

② 진, 진나 역, 『섭대승론본』 3권.

제목은 '대승의 요의를 포괄한 논'이라는 의미로 무착(Asaṅga)의 대표작이다. 이 논서에서 말하는 것처럼 대승이야말로 진실한 불타의 말씀이고, 대승의 우수한 점에 열 가지 종류가 있다고 하여, 그들 하나하나를 유식사상에 근거해서 설명하는 것이 이 논서의 취지이다.

이 논서의 특징은 지금까지의 경전과 논서들의 유식설을 처음으로 조직적으로 정리한 것이다. 특히 아뢰야식의 삼상(自相·因相·果相)을 명확히 한 것과 종자의 육의(六義)와, 소훈의 사의(四義)를 정의하여 종자훈습설에 이론적 기반을 부여한 것 등이 특기되어야만 한다. 한마디로 말하면, 이 논서는 아뢰야식의 특질을 명확하게 연구하고, 아뢰야식연기를 유식사상의 중심에 두고 그것에 의해서 만법유식의 도리를 선양하려고 한 점이 특징이다.

이 논서에 대한 세친과 무성의 주석서가 한역과 티베트 역으로 현존한다(세친의 주석서로는 진, 진제 역, 『섭대승론석』 15권, 수, 급다공

행거 등 역, 『섭대승론석론』10권, 당, 현장 역, 『섭대승론석』10권이, 무성의 주석서로는 당, 현장 역, 『섭대승론석』10권이 있다).

9) 『유식삼십송(唯識三十頌)』

범명 Triṃśikā-vijñaptimātratā-siddhi.
저자 세친.
한역 당, 현장 역, 『성유식론』10권 중의 게송으로서 번역.

제목이 시사하는 것처럼 유식의 교리를 불과 30게송으로 잘 서술하였다. 세친 만년의 최후의 저작이다. 이 논서는 간결한 게송의 형태를 취하지만, 그때까지의 유식사상을 집대성한 책이고, 후세에 끼친 영향은 헤아릴 수 없다. 세친 자신은 이 논서에 주석을 달지 않고 입멸했지만, 많은 후인들이 다투어 주석을 달았다고 한다(그중 하나인 안혜의 주석서가 범본으로 전해져오고, 일본어 번역도 있어 연구자에게 도움이 되고 있다. 참고서의 항을 참조).

또한 법상종 소의의 성전인 『성유식론』은 『유식삼십송』에 대한 호법의 주석서이다. 이 안에는 소위 십대논사의 여러 견해도 다수 서술되어 있다. 이 논서의 내용으로 가장 특기할 만한 것은, 세친이 이 논서에서 '식의 전변(vijñāna-pariṇāma)'이라는 새로운 개념을 사용해서 유식무경설에 새로운 이론적 근거를 정립한 것이다(138쪽 참조). 즉 정신활동을 아뢰야식=이숙전변(異熟轉變), 말나식=사량전변(思量轉變), 전육식=요별경전변(了別境轉變)이라는 3종으로 분류하고, 이것에 의해서 팔식 모두의 특질 및 그것과 관련된 심소를 설명하고 있는 것이다. 나아가 '일체유식', '망분별생기', '결생상속', '삼성', '삼무성', '유식관' 등 유식설에 있어 중요한 사상의 거의 대부분을 언급하고 있고, 그 구성 및 이론적 전개의 뛰어남에는 감탄을 금할 수가 없다.

이 논서의 성립으로 인도에서 유식유가행파의 이론은 본질적인 완성을 보게 되었다. 세친의 저작으로서 또 다른 유명 논서로『유식이십론』이 있다. 이 논서는『유식삼십송』처럼 유식설을 조직적으로 서술한 것은 아니고, 외도와 불교 내 다른 파의 공격을 논파하는 형태를 취하면서 유식무경의 도리를 설시하려고 한 것이다. 게송과 장행문으로 이루어져 있고, 장행문도 세친 자신의 저술이다. 한역으로는 ① 후위, 보리류지 역,『유식론』1권, ② 진, 진제 역,『대승유식론』1권, ③ 당, 현장 역,『유식이십론』1권이 있고, 범본도 현존하며 일본어 번역도 있다.

제
2
장

유
식
사
상

1. 현상과 본질

1) 유식의 목적

서양의 근대철학자 데카르트가 정신과 물질이 두 개의 실체라고 지적한 것은 유명하다. 이들 둘을 '실체'라고 용기 있게 단언한 것이야말로 철학자다운 행동이다. 그러나 우리들 범부도 존재가 정신과 물질로 나누어지는 것 정도는 알고 있다.

정원을 바라보면 나무가 무성하고, 작은 새가 지저귀고, 바위가 고요하게 가로놓여 있다. 우리들의 주위에는 무수한 물질이 존재한다. 또 고요히 눈을 감아보자. 외계의 사물만큼 선명하지는 않다고 해도, 물질과는 완전히 다른 '마음'의 존재를 확인하는 것이 가능하다. 유식의 '식'은 이 자기의 '마음'이다. 즉 꽃을 바라보고, 소리를 듣고, 향기를 맡고, 무엇이라고 알고, 수학 문제를 푸는 등의 여러 가지 심리적 활동을 말한다. 그런데 '식(識)'이라는 한자 원어에는 vijñāna와 vijñapti

의 두 가지가 있다. 모두 '알다', '분별하다', '이해하다'라는 의미를 가진 vijñā 라는 동사의 파생어이다. 이 중 vijñāna는 심적 활동의 주체에 붙여진 총칭이고, 현대에서 말하는 감각·지각·사고·감정 등 모든 심리작용을 포함한다.

vijñapti는 vijñā의 사역형에서 만들어진 명사이고, '알게 하는 것', '나타내는 것'이라는 의미이다.

여기에서 주목해야 할 것은 유식의 식을 vijñāna로 나타내는 일은 드물고, 대부분은 vijñapti를 사용하고 있다는 사실이다. 우리들의 평소 인식작용은 어떠한 것이라도 반드시 주관과 객관의 이원적 대립 위에서 성립하지만, 유식의 식이 vijñapti(나타내는 것, 알게 하는 것)라는 의미이기 때문에, 우리들은 유식이라는 것이 단순히 '오직 주관적인 인식작용만이 있다'는 의미가 아니고, '객관과 주관의 양자를 포함한 모든 존재는 단지 나타내진 것, 알려진 것에 지나지 않는다'라는 의미에 주목하지 않으면 안 된다. 정원의 나무를 바라보는 경우, 나무를 보는 시각, 혹은 나무라고 인식하는 지각이 작용하고 있지만, 이 경우 하나는 그와 같은 시각·지각의 대상인 '나무'라는 사물, 또 다른 하나는 감각·지각이라는 '심적 활동', 이 양자 모두 어떤 것에 의해 나타내진 것이다.

어쨌든 '현실에서 인정되는 외적 현상과 내적 정신은 모두 어떤 근원적인 것에 의해서 나타나게 된 것에 지나지 않는다'라는 것이 '유식'의 근본적 정의이다.

이 근원적인 것, 즉 궁극적 존재, 근본적 심리활동을 '아뢰야식'이라고 한다. 따라서 유식이란 '모든 존재는 아뢰야식에 의해서 나타나게 된 것, 만들어진 것이다'라는 의미가 된다.

아뢰야식의 설명은 뒤에 서술하겠지만, 유식사상을 고찰할 때에는 우선 마음에 새겨두어야만 할 것이 있다. 그것은 아래의 그림에서 보는 것처럼 세 개의 영역과 그들의 관계 위에 유식사상의 중심 논리가 구성된다는 사실이다.

그래서 유식사상이 지향하는 것은 ① 객관으로서의 대상은 정신의 영역(=식) 밖에는 존재하지 않는다는 깨달음, ② 그에 의해서 외계의 사물을 실재라고 보는 주관의 잘못된 인식 및 거기에 동반하는 여러 가지 고뇌(번뇌)를 멸하고, ③ 최종적으로는 자기의 근원체인 아뢰야식을 있어야만 하는 본래적 상태로 전환(轉依=所依, 즉 아뢰야식을 전환하는 것)하는 것이다.

2) 존재론 · 인식론 · 실천론

유식사상은 서양철학 못지않게 존재와 인식의 어떤 것을 추구해왔다. 그러나 동시에 이 사상의 본질은 '고에서의 해탈'이라는 불교의 근본이념에 있다. 즉 유식사상은 존재론과 인식론 및 실천론 세 개의 영역을 포괄하는, 말하자면 '철학적 종교'라고 할 만하다.

불교에서는 모든 존재를 총칭해서 법(dharma)이라고 한다. 따라서 불교의 존재론은 법에 관한 고찰이다. 그러나 그것은 아리스토텔레스의 제1철학과 같이 '존재로서의 존재인 제1원리'를 추구하는, 이를테면 형이상학으로서의 존재론은 아니고, 개별적인 현상적 존재(有爲法)의 실체성 내지 존재성에 관한 고찰이다. 불교도 확실히 현상과 본질을 구별하고, 현상을 법이라 하고 본질을 법성(法性, dharmatā)이라고 한다. 그러나 법성이란 현상의 배후에 있는 형이상학적 실체가 아니고, 어디까지나 주관과 분리하여 생각하는 것이 아니다. 그것은 이를테면 객관과 주관의 이원적 · 대립적 존재를 초월한 곳에 현전하는 사물의 본래적인 존재방식을 의미한다. 불교는 어떤 본질적 실체도 부정한다. 뿐만 아니라 신(God)과 같은 절대적 궁극자를 상정하지 않는다.

유식사상의 존재론도 불교의 이러한 기본 입장을 답습하고 있다. 단지 유식사상은 외계사물의 존재를 완전히 부정하고 모든 사물을 심적인 것으로 환원해버리기 때문에, 그 존재론의 존재는 자기의 '심(心)'과 그 심에 의해서 만들어진 사물을 말한다.

'심적인 것'의 존재를 묻는 것은 동시에 그 심적인 것의 인식작용과 인식내용을 묻는 것이다. 즉 유식사상에 있어서 존재론은 필연적으로 인식론과 관계를 가진다. 울거나 웃거나 먹거나 마시거나 하는 자신이라는 존재가 현재 여기에 실재한다고 우리들은 보통 생각한다. 그런데 유식사상은 이 같은 상식을 강하게 부정한다. 그리고 나아가 인식의 대상을 자기존재로부터 외계의 사물에까지 확대해서 '자기의 마음을 떠나서 사물이 실재한다'는 일상적 인식도 철두철미하게 부정한다. 한마디로 말하면, 유식사상이란 자기와 사물이라는 존재, 또 그들의 존재에 대한 인식, 이 두 가지 사항을 철학적·종교적으로 반성한 일대운동이라고 말할 수 있을 것이다.

그렇지만 그 존재론과 인식론을 통일하는 것은 실천론이다. 유식사상 혹은 넓게 말하면 불교의 진수는 실천이고, 이론은 표피에 지나지 않는다는 것을 우리들은 잊어서는 안 된다.

3) 성(性)과 상(相)

현상을 분석하는 경우, 다음 두 가지 태도를 구별하지 않으면 안 된다.

① 현상을 구성하는 궁극적인 실체(Substantia) 또는 기체(Substratum)를 해명하려는 태도
② 현상의 본질을 철저하게 보려는 태도

이오니아의 자연철학자들, 가령 탈레스와 데모크리토스가 물, 원자를 각각 만물의 근원이라고 생각한 것, 또한 한참 내려와서 사물을 양자·전자의 차원에서 구명하려는 현대의 소립자론 등은 ①의 태도를 대표하는 입장이다. 이에 반해 현상의 배후에 이데아(idea)를 상정한 플라톤, 또는 현상의 내적 본질인 형상이 질료와 결합하는 곳에 구체적인 현상이 나타난다고 생각한 아리스토텔레스 등은 ②의 태도를 대표하는 입장이다.

중국에서는 현장과 규기가 확립한 유식사상의 학파를 '법상종'이라고 한다. 법상종은 존재(법)의 상을 연구하는 종파라는 의미이지만, 상세하게는 법성상종이라 말할 수 있으며, 이 파의 주지(主旨)는 성과 상을 또렷이 구별해서, 각각이 어떠한 것인가를 명확하게 하는 것이다[전문적으로는 성상결판(性相決判)이라고 한다. 성(性)은 실성 즉 사물의 본질을 말하고, 상(相)은 상장(相狀), 즉 현상으로서의 사물의 상을 말한다]. 이러한 점에서 유식사상은 앞에서 언급한 두 가지 태도 중에서 ②의 태도에 가깝다.

유식사상은 이와 같이 본질과 현상을 명확하게 구별하는 것을 주목적으로 하지만, 그 출발점은 어디까지나 현상(相)의 분석이다. 자기의 감각과 지각 혹은 사고와 사고하는 대상이라는 현실의 모든 경험을 연구하는 것에서부터 사물의 본질에 다가서려는 태도는 대단히 '과학적'이고 학문적이다. 유식사상이 스콜라 철학처럼 대단히 번쇄하고 또

학문적 · 철학적 색채가 강한 불교종파인 것은 이 때문이다.

4) 존재의 분류

본질과 현상을 포함한 모든 존재(一切法)를 불교는 어떻게 분류하고 있을까? 이 문제에 관해서 잠시 생각해보자.

불교의 존재 분류법으로서 대표적인 것은 원시불교 이래 설하고 있는 '오온(五蘊)'설이 있다. 오온이란 다음의 5가지를 말한다.

① 색(色, rūpa) – 색깔과 형태를 가진 물질.

② 수(受, vedanā) – 괴롭다, 즐겁다, 괴롭지도 않고 즐겁지도 않다는 감수작용.

③ 상(想, saṃjñā) – 언어에 의해서 사물을 인식하는 지각작용.

④ 행(行, saṃskāra) – 의지작용으로 대표됨. 여러 가지 심리작용.

⑤ 식(識, vijñāna) – 사물을 인식하는 작용.

우리말로 색은 '색깔'이라는 의미이지만, 불교용어에서 색은 rūpa라고 하는 산스크리스트어의 한역이며, '변화하여 파괴되어가는 것', '다른 사물과 동일 공간을 공유할 수 없는 것', '현상으로 현현하고 있는 것' 등의 의미를 가지며, 현대에서 말하는 '물질'에 가까운 개념이다. 그러나 처음에는 육체만을 가리켰던 것 같다. 수에서 식까지의 사온이 정신작용이라는 것을 고려하면, 오온이란 요컨대 우리들 개체의 구성 요소를 다섯 개로 분류한 것이다.

그런데 이 오온은 어디까지나 현상(有爲法)이고, 오온 안에 비현상 (無爲法)이 포함되어 있지 않은 점에 주목해야 한다. 원시불교에서 존재는 자기존재를 중심으로 파악되며, 본질적인 것 또는 목표로 해야 할 이상의 진리, 즉 무위법은 현상으로서 자기존재를 완전히 부정한 곳에 나타난다고 여겨진다. 현상과 본질(진리)은 완전하게 차원을 달리하는 존재로서 파악된다. 불타의 제자들은 위대한 불타가 획득한 진리(무위법=열반)를 자기존재와 병립할 정도로 불손하지는 않았던 것 같다.

5) 오위(五位)의 분류

부파불교의 시대가 되면 경전에 대한 주석이 중심이 되고, 수많은 뛰어난 논사들이 자파 학설의 정당성을 주장하며 왕성하게 논쟁을 하였다. 그 결과 널리 존재일반에 대한 학문적 분석해명에 힘을 쏟게 되었다. 이 시기에 설일체유부에 의해 '오위'설이라고 하는 새로운 존재 분류법이 확립된다. 오위란 다음의 다섯 가지를 말한다.

① 색(色, rūpa) - 물질적인 것.
② 심(心, citta) - 심적 작용의 주체.

③ 심소(心所, caitta) – 심(citta)의 심적 작용에 부수하는 여러 가지 심리작용.

④ 불상응행(不相応行) – 물질(색)도 정신(심)도 아닌 존재.

⑤ 무위(無為) – 생멸하는 현상이 아닌, 그것으로 있으며 상주하는 것, 진여를 말한다.

이 새로운 분류법의 특징 몇 가지를 살펴보자. '색'을 '물질적인 것'으로 설명했지만, 이것은 색이 외계의 환경(五境)과 육체의 감각기관(五根)과 수계(受戒)에 의해서 체내에 머물러 악을 행하지 않게 하는 힘(無表色 · 戒體)이라는 세 가지를 의미하고, 현대에서 말하는 물질과 그 내용을 상당히 달리하고 있기 때문이다. 또한 정신작용을 '심'과 '심소'로 이분한 것, 나아가 물질적인 것도 정신적인 것도 아닌 불상응행(不相応行)이라는 특수한 존재에 주목한 것 등이 특기할 만하다. 그런데 여기서 더욱 중요한 것은 오온설에서는 유위법과 대비되는 개념으로 사용되지 않았던 무위라는 개념이 이 오위(五位)설에서는 유위(색~불상응행)와 나란히 기술되어 존재의 한 요소로 생각되기에 이르렀다는 점이다. 궁극적 진리는 손이 닿지 않는 험준한 산에 핀 꽃이 아니라 우리들 범부에 의해서도, 적어도 학문적 대상의 차원까지 끌어내려지게 되었다.

유식유가행파도 앞에서 말했던 오위설을 그대로 도입하고 있다. 다만 그것을 구성하는 요소의 수도 증가한다. 『구사론』에서는 보통 '5

위 75법'을 세우는 데 반해, 유식에서는 일반적으로 '5위 100법'을 세워 합계해서 100종의 존재요소를 설정한다. 100종을 열거해보면 다음과 같다.

그런데 아비달마불교 특히 설일체유부는 오위를 포함한 모든 존재를 실체적 존재(實有)로 생각하지만, 이것에 대하여 유식유가행파는 모든 존재를 식(심·심소)의 안에 포함시키고, 물질(색)이 외계에 실재하는 것을 강하게 부정했다. 또한 설일체유부가 실체적 존재라고 생각한 불상응행(不相応行)을 정신활동 위에 임시로 개념 설정한 제2차적 존재에 지나지 않는 것으로 보았다. 나아가 '모든 존재는 정신을 떠나 존재하지 않는다(一切不離識)'라는 근본적 입장에서 무위(真如)조차도 본질적으로는 식의 영역에 포함된다. 왜냐하면 '무위는 식의 실성(實性)'이기 때문이다. 이와 같이 궁극적 진리(無為)를 정신의 진실의 존재방식(實性)이라고 생각하는 점에서 유식사상의 독특한 진리관을 여실하게 읽을 수 있다.

아무튼 아비달마사상에서는 존재를 색·심·심소·불상응행·무위의 다섯 개로 나누어 분류함으로써 유식사상은 심·심소라는 정신의 커다란 보자기 속에 모든 존재를 감싼다.

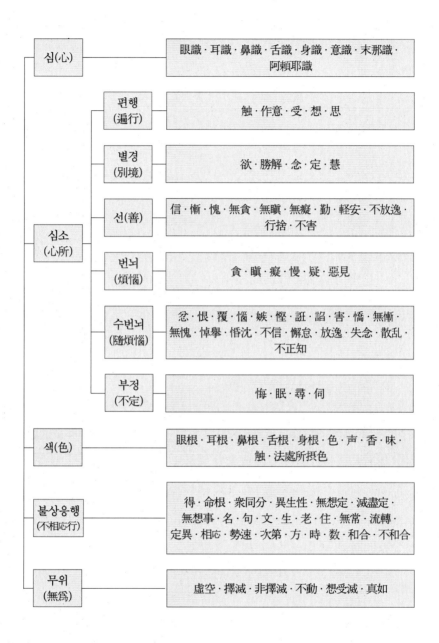

심(心)		眼識 · 耳識 · 鼻識 · 舌識 · 身識 · 意識 · 末那識 · 阿賴耶識
심소 (心所)	편행 (遍行)	觸 · 作意 · 受 · 想 · 思
	별경 (別境)	欲 · 勝解 · 念 · 定 · 慧
	선(善)	信 · 慚 · 愧 · 無貪 · 無瞋 · 無癡 · 勤 · 輕安 · 不放逸 · 行捨 · 不害
	번뇌 (煩惱)	貪 · 瞋 · 癡 · 慢 · 疑 · 惡見
	수번뇌 (隨煩惱)	忿 · 恨 · 覆 · 惱 · 嫉 · 慳 · 誑 · 諂 · 害 · 憍 · 無慚 · 無愧 · 悼擧 · 惛沈 · 不信 · 懈怠 · 放逸 · 失念 · 散乱 · 不正知
	부정 (不定)	悔 · 眠 · 尋 · 伺
색(色)		眼根 · 耳根 · 鼻根 · 舌根 · 身根 · 色 · 声 · 香 · 味 · 触 · 法處所摄色
불상응행 (不相応行)		得 · 命根 · 衆同分 · 異生性 · 無想定 · 滅盡定 · 無想事 · 名 · 句 · 文 · 生 · 老 · 住 · 無常 · 流轉 · 定異 · 相応 · 勢速 · 次第 · 方 · 時 · 数 · 和合 · 不和合
무위 (無爲)		虛空 · 擇滅 · 非擇滅 · 不動 · 想受滅 · 真如

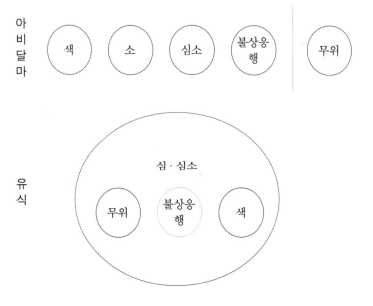

6) 유식의 독자적 존재 분류법

유식사상은 '식'이라는 정신활동만으로 존재성을 인정하는, 이를테면 유심론의 입장을 취하기 때문에 외계에 사물이 실재한다고 생각하는 실재론의 사람들과는 다른 존재 분류법을 주장하기에 이르렀다. 유식사상 독자의 존재 분류법에 '오사(五事)'설이 있다. 오사란 명(名), 상(相), 분별(分別), 진여(眞如), 정지(正智) 다섯 개를 말한다.

이 오사설은 『유가사지론』 권 제72, 『현양성교론』 권 제6, 『변중변론』 권 중, 『입능가경』 권 제7, 『성유식론』 권 제8 등에 나타나고, 논서에 따라서 그 정의가 약간 다르지만, 여기에서는 그들 모든 설을 종합한 형태로 또한 알기 쉬운 표현으로 설명하고자 한다.

우리들의 정신활동은 본다, 듣는다, 냄새 맡는다, 생각한다 등의 여러 가지 인식작용으로 이루어져 있다. 그래서 이들 인식작용에는 반드시 인식되는 대상이 있다. 이 인식대상의 구체적인 형상·모양 혹은 특질을 '상(nimitta)'이라고 한다.

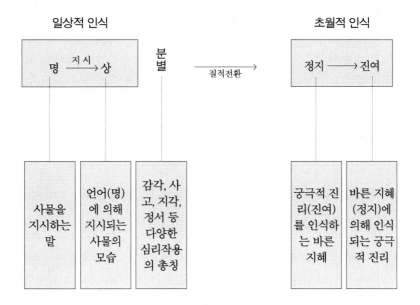

그런데 이 상은 단지 인식대상의 형상을 말하는 것만은 아니다. 상이란 '일체언설(一切言說)의 소의처(所依處)', '소유언담(所有言談)의 안립처사(安立處事)'라는 말처럼, 언어활동이 생기는 원인(基因)이기도 하다. 그런데 잘못된 인식이 될 수 있는 언어활동은 불교 특히 유식사상에서는 강하게 부정된다. 그러면 언어활동은 왜 일어나는가. 그것은 언어가 지시하는 특정의 대상(相)이 존재하기 때문이라고 한다. 이것은 확실히 진리이다. 사실, 무엇인가를 보고 무엇인가를 듣기 때문에 '이것은 ~이다'라는 언어로 설명하거나 또는 머릿속으로 생각하게 된다. '나무'라는 사물이 먼저인가, 또는 '나무'라는 개념이 먼저인가, 라는 철학적으로 어려운 문제는 어쨌든 간에 나무라는 사물을 보고, 또는 머릿속에서 생각하기 때문에 비로소 '나무'라는 언어가 발생한다.

정리해 보면 '상'은 다음의 두 가지 의미를 가진다.

① 인식대상의 형상·모양·성질.
② 언어활동을 일으키는 원인.

상의 원어 nimitta는 사물의 모양·형태·성질을 나타내는 lakṣaṇa의 동의어이지만, 동시에 또 nimitta에는 '원인'이라는 의미가 있기 때문에, 오사(五事)의 상에 대해 lakṣaṇa가 아니라 반드시 nimitta를 사용하고 있는 것은 이 한 마디 안에 이와 같은 두 개의 의미를 포괄시키기 위한 것일지도 모른다.

다음으로, '명(nāma)'은 그와 같은 사물을 지시하는 언어를 말한다.

앞의 인식대상(相)과 이 언어(名)에 의해서 구체적인 언어활동 내지 언어적 사고가 성립한다. 이를테면 이들 개념적 심리활동에, 나아가 언어를 동반하지 않는 다른 모든 심리활동을 더하여, 이들을 합쳐서 '분별(vikalpa)'이라고 한다. 현대적으로 말하면 정신활동 또는 심적 과정의 총칭이다. 흔히 '어떤 사람은 분별이 있다'고 말하여 분별을 좋은 의미로 사용하지만, 불교에서 말하는 '분별'은 '망분별(妄分別)', '허망분별(虛妄分別)'처럼 반드시 부정되어야 할 정신활동이다.

'정지(正智, samyag-jñāna)'는 진리를 통찰하는 바른 지혜이다.

'진여(真如, tathatā)'의 원어를 살펴보면 '그와 같이 있는 것'이라는 의미이다. 존재가 왜곡되지 않고 본래 진실의 상태 그대로 있는 것을 말하고, 이를테면 궁극적 진리를 가리킨다. 이것은 앞의 정지의 대상이 된다.

이 정지와 진여로 이루어진 세계가 불교가 목표로 하는 초일상적 인식의 세계이다. 오사설을 간단하게 설명했지만, 이 분류법이 오온설이나 오위설과 서로 다른 가장 뚜렷한 점은 오사설의 분류가 완전한 인식론적 시야에서 이루어지고 있다는 점이다. 먼저 오온이라는 자기존재로 향하는 눈이 오위설을 통해서 넓게 사물 일반에까지 확대되고, 나아가 유식에 이르러서 다시 개인의 주체성이 회복되어, 전

존재가 자기 정신 내의 위상의 상위(相違)로 분류되기에 이르렀던 것이다.

2. 자기의 근원체 – 아뢰야식

1) 아뢰야식의 기본적 특질

(1) 존재적 측면

아뢰야식은 모든 존재를 낳는 근원체이다. 예를 들면 어떤 연필, 눈이라는 감각기관, 연필을 보는 작용, 이들 셋은 함께 아뢰야식으로부터 생긴 것이다. 나아가 일반적으로 말하면 자기를 둘러싸는 자연계(器世間), 자기의 육체(有根身), 감각 · 지각 · 사고 등의 주관적 인식작용(諸識)은 모두 근원체인 이 아뢰야식에서 변화하여 생긴 것이다. 이와 같이 아뢰야식은 그 안에 모든 존재를 가능태로, 이를테면 '종자'의 상태로 저장하고 있기 때문에 또한 다른 이름은 '일체종자식(一切種子識, sarva- bijakaḥ-vijñānam)'이라 불린다. 아뢰야식의 아뢰야(ālaya)는 원래 '저장하는 것', '모으는 것'의 의미이며, 따라서 ālaya-vijñāna를 '장식(藏識)'이라고 한역하는 경우가 있다.

또한 아뢰야식은 여러 가지 경험의 영향이 저장되는 장소이다. 렌즈를 통해서 들어오는 풍경의 모두가 인화지 위에 새겨지는 것처럼, 정신적 혹은 육체적 활동의 모든 것은 바로 그 순간 영향을 종자로서 아뢰야식 속에 심는다. 그래서 그 심어진 종자는 아뢰야식 가운데 일정 기간 저장되고 성숙되어, 그 결과 다시 새로운 존재를 낳는다.

(2) 인식적 측면

아뢰야식도 '식'이기 때문에, 인식대상과 인식작용을 가진다. 그러나 그 인식작용은 우리들의 의식으로 경험할 수 없을 정도로(不可知, asaṃvidita) 희미한 것이다. 이것이 일반적으로 아뢰야식이 심층심리라고 불리게 되는 까닭이다.

이와 같이 아뢰야식은 의식의 영역에는 올라오지 않는 심층심리이지만, 의식의 근원체로서, 마치 거친 물의 흐름(暴流)처럼 결코 멈춤 없이 계속 활동하고 있다.

아뢰야식의 인식대상은 종자(種子)와 유근신(有根身)과 기세간(器世間)의 세 가지이다. 즉 아뢰야식 가운데 저장되어 있는 일체의 모든 법을 낳는 가능력(種子)과 아뢰야식 자체가 변화한 우리들의 육체와 그리고 자연계이다.

즉 아뢰야식은 자신이 변화해서 만들어낸 사물을 동시에 자기의 인식대상으로 삼는다(所變 卽所緣). 이 아뢰야식의 인식 구조론이야말로 '유식'의 도리를 뒷받침하는 기본적인 이론 근거이다.

(3) 실천적 측면

아뢰야식은 존재와 인식의 근원체이면서 동시에 선(善) 혹은 악(惡)을 성립시키는 기체(基體)이기도 하다.

불교에서 말하는 악을 한마디로 말하면 그것은 탐·진·치로 대표되는 번뇌(kleśa)이다. 이와 같은 악인 심리상태는 모두 아뢰야식 중의 번뇌종자에서 생기고, 생기자마자 동시에 새로운 악의 종자를 아뢰야식 가운데 심게 된다. 즉, 아뢰야식은 악의 열탕을 무진장으로 뿜어내는 항아리와 같은 것이다.

그러나 그것은 동시에 우리들이 악에서 선으로 옮겨가는 사다리이기도 하다. 우리는 아뢰야식이라는 존재를 매개로 하여 악을 버리고 선으로 갈 수 있다. 아뢰야식 가운데에는 악의 종자와 더불어 선의 종자도 존재한다. 선의 종자는 선을 낳는 잠재적 힘이다. 이 선의 종자가 어떤 기연(機緣)에 의해서 싹을 틔우고, 이어서 열매를 맺고, 마지막에 새로운 종자를 남긴다. 이와 같은 선의 종자에 의한 일련의 활동이 몇 백, 몇천으로 반복되어, 마침내 아뢰야식 전체가 선의 종자만으로 가득할 때, 자기 존재(정신과 육체)는 근원에서부터 완전히 선이 된다. 나아가 자기 존재만이 아닌 아뢰야식이 모든 존재를 낳기 때문에, 이를테면 전 존재가 선한 상태를 완성하게 된다.

이와 같이 아뢰야식은 우리들이 악에서 선으로 향상하기 위한 매체 내지 동력인이라고 하는 측면에서 본다면, 그것을 윤리적·실천적인 의미의 근원체라고도 할 수 있을 것이다.

2) 아뢰야식 · 말나식 · 육식

아뢰야식의 기본적 특질을 개설(概說)했는데, 이것에 관해서 이제 조금 더 상세하게 설명해보기로 한다. 현대용어에 의하면, 존재는 '정신'과 '물질'로 대별된다. 이 중에 정신활동에 해당하는 불교용어의 대표는 '심'과 '식'이다. 이 두 가지는 동의어이지만 심리활동을 '심'이라고 말하면 하나의 사물적 존재로서 파악되는 경향이 있고, '식'은 '식이란 아는 것이다'라는 것처럼 심적 활동의 작용면을 강조한 용어이다. 따라서 감각 · 지각 · 의지 · 사고 등의 구체적 심리활동을 총칭한 것이 '식'이라고 할 수 있다.

원시불교 이래 식은 안식(眼識), 이식(耳識), 비식(鼻識), 설식(舌識), 신식(身識), 의식(意識)의 6종으로 분류하지만, 유식사상은 이들 육식 안에 '말나식(末那識)'이라는 자아의식을, 나아가 이들 칠식을 낳는 근원체로서 '아뢰야식(阿賴耶識)'을 주장한다. 합계해서 8종의 식을 주장하기 때문에 이것을 유식의 8식설이라고 한다.

| 안식 | 이식 | 비식 | 설식 | 신식 | 의식 | | 말나식 | 아뢰야식 |

←———————— (표층심리) ————————→   ←— (심층심리) —→

앞에서 기술한 것처럼 이 가운데 아뢰야식은 가능태로서의 종자를 자기 안에 저장하면서, 현실태로서의 존재, 즉 칠식(안식~말나식)과 유근신(육체)과 기세간(자연)을 만들어낸다. 이들 관계를 그림으로 그리면 다음과 같다.

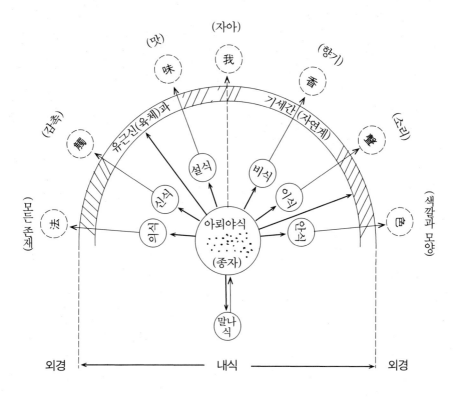

↑은 아뢰야식으로부터 안식 등의 제7식과 유근신(육체)과 기세간 (자연계·환경)이 형성되는 관계를 나타낸다.

↑은 이미 생긴 제7식이 각각 자기의 대상을 파악하는 관계를 나타 낸다.

◯은 제7식에 의해서 파악되고, 외계에 실재하는 것으로 오인된 사물을 말한다. 유근신·기세간까지의 원안은 '내식'이라 하고, 인과 연에 의해서 생기한 것으로서 어느 정도의 존재성이 인정되지만(160쪽 참조) 색에서 법까지는 '외경'이라고 하며, 우리들이 개념에 의해서 마치 외계에 존재한다고 오인하고 있는 사물로서 본래적으로는 비존재인 것이다.

3) 아뢰야식의 다른 이름

『성유식론』권 제3에는, 아뢰야식의 다른 이름으로 다음의 7종을 들고 있다.

① 심(心) ② 아타나(阿陀那) ③ 소지의(所知依) ④ 종자식(種子識) ⑤ 아뢰야(阿賴耶) ⑥ 이숙(異熟) ⑦ 무구식(無垢識)

이들은 아뢰야식의 작용과 특질을 다양한 각도에서 표현한 것이다. 이 가운데 아뢰야와 이숙과 아타나는 아뢰야식의 세 단계를 나타내는 호칭으로서 중요하다.

우리들은 무지몽매한 범부이지만, 수행을 거듭 쌓음으로써 내면을

118

고양시켜, 진리(眞如)를 볼 수 있다. 이 진리를 체득하는 단계를 '견도(見道)'라 하고, 십지(十地)에서 말하면 초지(初地)의 최초의 심, 즉 입심(入心)을 말한다. 이 이후의 수행을 '수도(修道)'라 한다. 이 단계에서 수많은 번뇌를 하나하나 멸하여 제십지(第十地)의 최후 심인 금강심(金剛心, 金剛喩定이라고도 한다)에서 모든 정적 장해(情的障碍, 煩惱障)와 지적 장해(知的障碍, 所知障)를 멸해서 다음 순간에 부처가 된다. 즉 불과(佛果)를 얻는 것이다.

불교의 수행은 범부에서 부처가 될 때까지의 이를테면 인격적 발달을 그 본질로 하지만, 인격의 발전 향상은 다름 아닌, 자기존재의 근원체인 아뢰야식 그 자체의 질적인 향상을 의미한다.

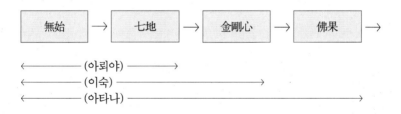

위의 그림에서 보는 것처럼, 인격의 발전에 따라 아뢰야식에는 다음세 가지 호칭이 있다.

① 아뢰야(ālaya): '아애집장현행위(我愛執藏現行位)'. 즉 제8근

본식이 제7말나식에 의해서 자아라고 집착되는 기간 동안의 호칭이다. 구체적으로는 시작 없는 과거로부터 제7지의 보살까지를 말한다.

②이숙(vipāka): '선악업과위(善惡業果位)'. 즉 근본식이 전생의 선업·악업의 결과로서 존속하는 기간 동안의 호칭이다. 구체적으로는 시작 없는 과거로부터 금강심에 이르기까지를 말한다.

③아타나(ādāna): '상속집지위(相續執持位)'. 외적으로는 자기의 육체와 자연계를 유지하고, 내적으로는 종자를 유지하는 기간, 즉 시작 없는 과거로부터 부처가 된 후까지를 포함하는 전 기간의 호칭이다.

이 삼위(三位)의 호칭에서 우리는 적어도 다음과 같은 근본식의 특성을 발견하는 것이 가능하다.

①자기의 생명과 자연계를 유지시키는 기체
②자아의식의 대상
③전생의 행위의 결과

또한 우리들은 인격발달과정에 있어서 다음과 같은 두 개의 중요한 관문을 돌파하지 않으면 안 된다.

① 자아의식을 제거해버리는 단계(제7지)

② 과거의 영향을 완전히 불식해버리는 단계(금강심)

우리는 자기의 생명을 유지하는 아타나식으로 지속하면서, 자아에 대한 집착심을 없앤 무아의 세계를 각성하기 위해 과거의 짐을 하나하나 던져버리면서 새로운 창조적 자기를 형성해가지 않으면 안 되는 것이다.

아뢰야식의 별명은 아타나식이라 하여 우리들의 생명을 유지하는 근원이라고 말하지만, 이 '생명을 유지하는' 작용을 전문적으로는 '집수(執受, upādāna, upātta)'라고 한다. 상세하게 말하면 아뢰야식은 육체의 감각기관인 오근(안·이·비·설·신)을 집수하는 것이다. 이를테면 생리적·유기적이라고도 말할 수 있는 양자의 관계를 '안위동일(安危同一)'이라는 말로 표현한다. 안위동일이란 어느 한 쪽이 양호한 상태(安)면 다른 쪽도 양호하고, 한 쪽이 악한 상태(危)면 다른 쪽도 악한 상태에 놓인다는 의미이다. 아뢰야식은 이와 같은 점에서 본다면, 실로 생명의 근원이라고 할 수 있다.

4) 이숙과 무기

아뢰야식의 성질을 윤리적으로 평가한다면, 그것은 '무부무기(無覆無記)'라고 한다. 이 문제에 관해서 잠깐 고찰해보자.

불교에서는 윤리적 가치를 다음과 같이 세 가지로 나누지만, 이 중 최후의 무기는 '선이라고도 악이라고도 별기(別記)할 수 없는 것'을 말한다.

① 선
② 악
③ 무기

보통 서양에서는 선과 악의 두 가지로 분류하지만, 불교는 이 외에 그 어느 쪽이라고도 판정할 수 없는 중성적인 것을 설정한다. 이것이 불교 가치관의 일대 특징이다. 그렇다면 왜 아뢰야식은 선도 아니고, 악도 아닌 무기인 것인가? 그 이유로 다음 세 가지를 생각할 수 있다. 즉 아뢰야식은,

① 이숙이기 때문이며
② 선과 악의 근거이기 때문이며
③ 훈습을 받아들이는 장소이기 때문이다.

아뢰야식은 '진이숙(眞異熟)'이라고도 한다. 이숙은 일반적으로 익숙한 말은 아니지만, 유식사상 특히 아뢰야식에서는 중요한 개념이다. '이숙'은 범어로는 vipāka라고 하며, 그 원의는 '앞의 원인과는 다르게 결과가 성숙한다'라는 의미이다. 이 중 '앞의 원인'이라는 것은 과거의 업(행위)이고, '성숙한 결과'라는 것은 아뢰야식이다. 그리고 어떤 의미에서 다른가 하면 과거의 업은 선 혹은 악이지만, 그 결과로서 생긴 아뢰야식은 선도 악도 아닌, 말하자면 무기인 것이다.

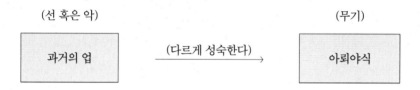

여기서 우리들은, 과거의 동인은 선 혹은 악이며, 그것에 의해서 비롯된 현재의 결과, 즉 아뢰야식 그것은 선도 악도 아니다(因是善惡, 果是無記)라는 점을 주목해야 한다. 바꾸어 말하면 현재의 자기존재의 기체는 가치적으로는 백지이다.

왜 이숙=무기, 즉 자기의 기체를 백지라고 보는 것인가? 이 의문에 대해서 곰곰이 생각해볼 때 그 속에 무엇이라고도 말할 수 없는 종교적 구원이 있음을 읽을 수 있을 것이다. 확실히 현재 자기의 존재방식은 과거의 업의 영향을 받고 그것에 속박되고 있다. 그러나 현재의 자기를 성립하는 근원은 과거의 업에서 독립해 있는 것이다. 그렇기 때문에 다음에 기술하는 것처럼 우리들은 악에서 선으로 변화하는, 즉 종교적으로 구원받는 것이 가능하다.

이숙이란 과거(전생)의 업에 이끌리어(引發) 생겨난 결과이지만, 상세하게 말하면 업에는 인업(引業)과 만업(滿業) 2종이 있고, 따라서 그것에 의해서 생기는 결과에도 2종이 있다. 이 중 인업에 의해서 아뢰야식이 결과하고, 만업에 의해서 전육식(안식 내지 의식)이 결과한다. 즉, 인업은 자기존재의 기체 그것을 낳게 하는 작용을 하고, 만업은 그 기체에 살을 붙이는 작용을 한다는 것이다. 이러한 의미를 그림에 비유하자면 인업은 데생을 하는 것과 같은 것이고(引如作摸), 만업은 그것에 착색을 하는 것과 같은 것(滿如塡綵)이라 할 수 있다.

그래서 2종의 이숙 중, 제8아뢰야식을 '진이숙'이라 하고, 그것으로부터 생긴 전6식을 '이숙생'으로서 구별한다. 위의 관계를 정리하면 다음과 같다.

제8아뢰야식-총과(總果)-진이숙(眞異熟)-인업(引業)에 해당한다
전육식-별과(別果)-이숙생(異熟生)-만업(滿業)에 해당한다.

물론 전6식 모두가 이숙인 것은 아니다. 현명하다, 어리석다, 아름답다, 추하다 등의 이를테면 선천적인 것만을 이숙생으로서의 육식이라

고 한다.

아뢰야식을 매개로 하여 우리들은 악으로부터 선으로 전환하는 것이 가능하다.

달리 표현하면, 아뢰야식은 염오된 세계(악인 미혹의 세계)의 근거임과 동시에 청정한 세계(선한 깨달음의 세계)의 근거이기도 하다. 그러나 아뢰야식 그것은 선도 악도 아니다. 왜냐하면 만일 아뢰야식 자체가 본질적으로 악하다면, 우리들은 언제까지나 미혹의 세계를 벗어나는 것이 불가능하고, 또한 역으로 만약 본질적으로 선이라면, 현실의 미혹한 세계는 있을 수 없게 된다. 마치 숫자 0은 양수도 아니고 음수도 아니지만 0이 있기 때문에 양수도 있고 음수도 있는 것처럼, 아뢰야식은 악과 선의 근거이면서 그 어떤 성질도 띠지 않는 무기인 것이다.

아뢰야식은 실로 백지(無記)이기 때문에, 그 가운데 모든 것을 받아들이는 것이 가능하다.

아뢰야식은 '일체종자식'이라고 일컬어지는 것처럼, 그 가운데 선천적이든 후천적이든 우리들의 체험(업, 카르마)의 영향이 모두 종자로 심어지게 된다. 그런데 모든 성질의 종자―선·악·무기의 종자―가 심어지는 것은 아뢰야식이 선도 악도 아니기 때문이다. 마치 하얀 천이기 때문에 붉은색과 노란색 등의 모든 색채를 물들이는 것이 가능한 것과 마찬가지다.

또한 아뢰야식은 '무부무기'라고 일컬어진다. 무부의 부는 부장(覆

障) · 부폐(覆蔽)의 의미로, 성도(聖道) 즉 깨달음에 도달하기 위한 우리들의 수행에 장해가 되는 것을 말한다. 아뢰야식 그 자체는 이와 같은 장해가 되지 않기 때문에 무부라고 한다. 그에 비해서 네 개의 번뇌(我痴 · 我見 · 我慢 · 我愛)를 항상 거느리고 있는 제7말나식은 무기이지만 성도의 장애가 되기 때문에 '유부무기(有覆無記)'라고 한다.

5) 윤회의 주체

아뢰야식은 일생 동안 우리들의 몸과 마음을 계속 유지하는, 이른바 생리적 · 유기적 기반이지만, 동시에 현세에서 내세로 이어지는 윤회의 담당자이기도 하다. 그렇기 때문에 아뢰야식은 윤회설에서도 중요한 역할을 한다.

그렇다면 생사 유전하는 구조를 유식사상은 어떻게 설명하고 있는가? 이 구조를 그림으로 나타내면 다음과 같다.

생사가 상속하는 데 중요한 요인이 되는 것을 다음 그림에서 굵은 선으로 표시해두었다.

먼저 어느 한 개인의 현재 상태, 즉 인간으로 태어나는 것, 수명이 가령 80세인 것 등, 환언하면 현재세에서 아뢰야식의 선천적 성질은 과거세에서 그 사람이 행했던 업(선과 악의 행위)에 의해서 결정된다.

그리고 현재세에서 과거 업의 영향력이 없어지고 수명이 다할 때, 아뢰야식은 현재세에서 소멸하여 새로이 미래세에 태어나는 것이다.

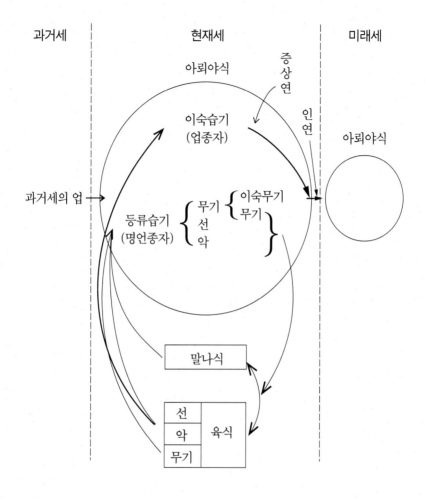

여기서 미래세의 아뢰야식을 생기게 하는 직접적 원인(親因緣)은 현재세의 아뢰야식 가운데 이숙무기(異熟無記)의 종자(아뢰야식을 생기

게 하는 종자)이지만, 이 종자는 '무기'이며 그 자체로는 새로운 결과를 생기게 할 수 없다. 거기서 전6식 가운데의 선업 혹은 악업에 의해서 심어진 '이숙습기' 즉 '업종자'가 이숙무기의 종자를 도와(增上緣이 되어) 새로운 아뢰야식을 미래세에 생기게 하는 것이다. 여기서 주목해야만 할 것은

업종자가 미래세의 아뢰야식의 존재방식을 결정한다.

라는 사실이다. 더 자세히 말하자면 현재세에서 선한 행위(善業)를 행하는가 혹은 악한 행위(惡業)를 행하는가에 따라서 미래세는 천인이나 인간으로 태어나거나 혹은 축생, 아귀, 지옥에 태어나는 것이다. 여기에 선인선과(善因善果), 악인악과(惡因惡果)라는 불교의 기본적 인과율을 확연하게 확인할 수가 있다.

위의 그림에서도 기술한 바와 같이 미래를 결정하는 업종자를 심는 것은 '육식'이고, 더구나 그중에서 선 혹은 악이라는 점이 중요하다. 육식 가운데 업을 일으키는 주체는 의식이기 때문에 특히 의식적 활동, 즉 이러저러하게 개념적으로 사고하는 의식작용이야말로 우리들의 미래를 결정하는 가장 중요한 요인이다. 불교가 제6의식에 의한 분별작용(개념적 사고)을 부정하는 이유는 실로 여기에 있다.

위의 그림 가운데 종자에 대한 설명을 좀 더 보충해보자.

종자를 대별하면 다음의 2종이 된다.

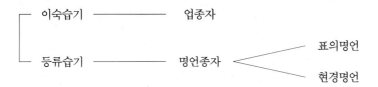

이숙습기(異熟習氣)는 다른 이름으로 업종자(業種子)라고도 하며 앞에서 말했던 것처럼 미래세의 존속과 관계되는 요인이다. 또 하나의 등류습기(等流習氣)는 다른 이름으로 명언종자(名言種子)라고도 하며, 현세에서 모든 현상을 일으키는 원인이다. 명언종자는 다시 표의 명언(表義名言. 제6의식의 尋伺와 상응하는 心, 心所)에 의해서 훈습된 것과 현경명언(顯境名言. 7전식의 心, 心所)에 의해서 훈습된 것으로 나뉜다.

종자를 크게 나누면 이상과 같이 두 가지로 분류되지만 본질적으로는 업종자도 명언종자의 일부이며, 명언종자 가운데 특히 전6식의 선과 악에 의해서 그 어느 쪽인가에 물들여진 종자를 업종자라고 부르는 것이다.

6) 종자설의 선구사상

'종자(bīja)'란 물론 원래는 식물의 열매 가운데 있는 종자를 말한다. 이 개념이 불교에 받아들여져 결국 '일체종자식'이라는 개념으로까지 발전한 경위를 고찰해보고자 한다. 불교의 근본사상 가운데 업사상이 있다. '현재 상태는 과거 업의 결과이고, 현재 업은 미래 상태를 결정한다.'라는 생각이다.

그런데 업은 정신적이든 육체적이든 간에 눈으로 보거나 마음으로 느낄 수 있는 구체적인 행위이지만, 영원히 지속하는 것은 아니다. '어떤 사람은 밉다'고 언제까지나 계속 생각하는 것은 아니다. 권총으로 사람을 죽여도, 그 살인 행위는 일순간에 소멸해버린다. 더구나 불교의 '찰나생멸'의 입장에 의하면 모든 행위는 눈 깜짝할 사이에 생겨났다가 소멸한다.

한순간 소멸하는 살인행위가 미래에 영향을 미친다면 그 행위는 소멸한 뒤에도 어떤 다른 형태로 영향을 남기지 않으면 안 된다. 이와 같은 업사상에서 생긴 필연적 요청의 결과, 종자라는 개념이 불교에 도입되었다. 식물의 종자는 과실 안에 있을 때도, 흙 속에 심어졌을 때에도, 그 모습을 드러내지 않는다. 그러나 종자가 있기 때문에 식물은 여러 번 싹을 틔우고, 꽃을 피우고, 열매를 맺어 계속 이어질 수 있는 것이다. 자기존재의 업상속을 이 식물의 자연현상에 비교하여 행위의 잠재적 영향력을 '종자'라는 말로 불렀을 것이다.

그러나 역사적으로 보면 행위의 영향력을 처음부터 종자라고 명명했던 것은 아니다. 그 이전에 대중부 등의 '수면(睡眠)', 정량부의 '불실법(不失法)'과 같은 선구적인 개념이 이미 주장되었고, 경량부에 이르러 그들 개념을 종자로 통일하여 소위 '종자훈습설'을 명확하게 확립했던 것이다. 그리고 이 경량부의 종자설을 직접적인 토대로 하여 유식유가행파가 일체종자를 함장하는 아뢰야식을 완성하기에 이르렀던 것이다.

7) 종자란 무엇인가

그러면 종자는 도대체 무엇을 말하는 것일까? 어제 이야기를 나누었던 친구의 얼굴이 갑자기 생각난다. 그와 헤어지고 나서 지금까지 그에 대한 기억은 머릿속 어딘가에 머물러 있다. 현대 의학은 이 기억 보존 현상을 생리학적으로 해명하고자 노력하고 있다. 생리학자들은 어제 친구의 얼굴은 여러 가지 단백질의 결합체로서 뇌의 어딘가에 저장되어 있다고 설명할 것이다. 그러나 그것은 다만 기억 보존체가 해명되었을 뿐이고, 잠재적인 기억 그것이 무엇인지 밝혀낸 것은 아니다. 의식과정과 같이 기억이라는 심리작용을 생리적 내지 물리적 관점만으로 납득이 가게 설명하기는 불가능할 것이다. 이와 같이 아뢰야식의 종자에 관해서도, 종자를 어떤 물질적 혹은 사물적 존재라고 생각하지는 않는다. 전문적으로는 종자는 아뢰야식 속에 있으며 자신의 결과를 낳는다고(功能差別) 정의된다.

이 가운데 공능(功能, śakti, sāmarthya)은 '힘', '능력'을 의미하고, 차별(差別, viśeṣa)은 '특수한', '뛰어난'이라는 것을 의미하기 때문에, 종자는 '자기를 낳는 특수한 힘'이라는 의미가 된다. 요컨대 종자는 말하자면 에너지처럼 하나의 힘이다. 더구나 그것은 타오르는 불꽃과 같이 현재적(顯在的) 에너지가 아니라, 원자핵에 감추어진 핵 에너지처럼 우리들의 마음속 깊숙이 숨은 잠재적·정신적 에너지다.

8) 종자와 현행의 관계-아뢰야식연기

종자인 잠재적 에너지가 구체적으로 싹을 틔우고, 현재적 활동 에너지로 변화한 것이 일상의 모든 경험이다. 사물을 바라보고, 생각에 잠기고, 울고 웃고, 생각하고 말하고, 움직이는 이들 모든 활동을 포함하여 '현행(現行)'이라고 한다. 혹은 식들의 활동이기 때문에 '현행식(現行識)'이라고 한다.

종자는 침은(沈隱)·불현현(不顯現), 현행은 추현(麤顯)·현현(顯現)이라고 일컬어지는데, 전자는 잠재태, 후자는 현재태이기 때문에 양자는 서로 대립하는 개념이다. 그러나 양자는 서로 인과관계에 있다. 왜냐하면 종자로부터 현행이 생기기 때문에, 그 경우에는 종자가 원인이고 현행이 결과이며, 또 생긴 현행은 즉시 새로운 종자를 아뢰야식에 심기 때문에 그 경우에는 현행이 원인이고 종자가 결과이다.

이와 같이 심층심리와 표층심리의 유기적인 상호 인과관계에 의해서 전 존재가, 마치 거친 강의 흐름처럼 계속 유동하고 있는 것이다. 이것을 '아뢰야식연기'라 한다.

종자가 현행을 낳는 과정을 전문적으로는 '종자생현행(種子生現行, 종자가 현행을 낳는다)', 현행이 종자를 심는 과정을 '현행훈종자(現行熏種子, 현행이 종자를 훈습한다)'라고 한다. 훈이라는 것은 훈습의 의미이다.

또한 아뢰야식 속에 종자가 계속해서 자기 자신을 낳으면서 생장하는 과정을 '종자생종자(種子生種子, 종자가 종자를 낳는다)'라고 한다. 이 세 과정은, 순차적으로 우리 정신활동의 전개면, 환원면, 잠세면을 나타내고 있다고 말할 수 있다.

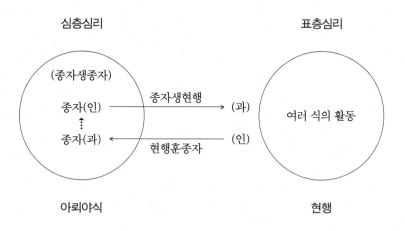

종자생현행—전개

현행훈종자—환원

종자생종자—잠세

또 종자생현행과 현행훈종자의 두 과정은 동일한 찰나에 진행된다. 즉 종자(因)와 싹(果)이라는 인과는 동시에 존재하고, 생긴 싹(현행)은 생기자마자 새로운 종자를 심는 것이다. 이것을 '삼법전전인과동시(三法展轉因果同時)'라고 한다. 삼법이란 종자A와 현행B와 종자C이다. 이것에 대해서, 아뢰야식 중 진행되는 종자생종자의 과정은 인과 과가 동시에 존재하지 않는다. 즉 '인과이시(因果異時)'라고 한다.

9) 시작 없는 원환운동—무시 이래의 훈습

스키를 배우는 경우를 생각해보자. 첫날에는 겨우 눈 위에 서 있지만, 둘째 날에는 구르면서도 조금은 탈 수 있다. 그리고 연습을 거듭함에 따라 난이도 높은 기술도 익히고, 2, 3년이 지나면 자유로이 활강을 즐길 수가 있다. 이것은 매번의 연습이 반드시 무언가를 남겨주고 있다는 증거다.

성자 간디와 악한 빌리 더 키드의 얼굴을 비교해보아도 이것은 쉽게 알 수 있다. 오랜 시간에 걸친 언행과 마음 씀씀이가 두 사람의 용모를 크게 다르게 만든 것이다.

이와 같이 정신적 행위이든, 혹은 언어적, 신체적 행위이든, 모든 행위(身·口·意 三業이라고 한다)는 반드시 행위자 자신 속에 영향을 남긴다.

이 남겨진 영향을 '종자' 혹은 '습기'라고 하며, 영향을 남기는 과정을 '훈습'이라고 한다.

이 훈습(熏習, vāsanā)이라고 하는 말은 본래 인도의 풍습에서 유래한다. 인도에서는 몸에 바르는 향유를 제조할 때 참깨에 꽃향기를 더하여 장시간에 걸쳐 조린 다음 압착하는데, 이때 꽃향기가 기름에 배어드는 것을 훈습이라고 하였다. 그리고 현행에 의해서 아뢰야식에 종자가 배어드는 현상을 이 기름과 꽃향기의 관계에 비유하여 훈습이라고 부르게 되었다.

앞에서 말했던 스키 숙달의 예를 이 종자 훈습의 사상으로 설명해보면, 연습이 아뢰야식 안에 새로운 종자를 심고(훈습하고) 또 이미 있던 종자를 성장 발달시킨다. 그리고 그들 종자가 싹을 틔워 다시 행동을 유발할 때 이전보다 더 스키를 잘 탈 수 있게 된다.

그러나 불교에서 말하는 훈습은 스키를 배우는 등의 특수한 행위나 태어난 이후의 행위에만 한정하는 것은 아니다. 그것은,

무시 이래의 훈습

이라는 말처럼 시작이 없는 영원의 옛날부터 끊임없이 이어져왔다. 그리고 미래영겁에 걸쳐서 계속될지도 모르는 현상을 말한다.

분명 칸트의 말처럼 '세계는 시간에 있어서 시작을 갖는다', '세계는 시간의 시작을 갖지 않는다'라는 두 명제는 이율배반에 빠지고, '시작이 없는 영원의 옛날'은 시간이라는 직관형식에 근거하여 주관이 만들어내는 것에 지나지 않을지도 모른다. 그러나 이것은 어디까지나 순수이성의 세계 속 이야기다. 우리들이 주객대립의 인식세계를 초월하여 한 번이라도 자기의 실존의 심연에 접한다면 '무시 이래의 훈습'을 있는 그대로 받아들일 수가 있게 된다.

자비심 깊은 신은 왜 인간을 완전무결한 존재로 창조하지 않았을까? 기독교도라면 저 유명한 '아담과 이브' 일화를 끄집어내어 이 의문에 답할 것이다. 하지만 그것은 어디까지나 비유적 표현에 지나지 않으며, 그 사실이 어떠한 것이었던가를 이성적으로 해결할 수는 없다.

불교는 기독교와 달리 신과 같은 궁극적 실재자를 세우지 않는다. 다만 실재하는 것은 무언가의 흐름, 그것도 영원히 흘러가고 있는 흐름이다. 유식적으로 말한다면 여러 가지 정신활동의 일대조류이고, 현대적으로 말하자면 끊임없는 에너지의 활동이다. 이와 같이 모든 것을 '흐름'으로 파악하는 불교적인 관점에서 본다면, '시작이 없는 영원의 옛날(無始)'은 오히려 '신' 이상으로 이성에 부합하는 익숙한 개념으로 느껴진다. 그리고 현실의 고뇌 많은 자기 존재, 아니 자기뿐만 아니라 끝없는 전쟁·기아·허무를 짊어지고 계속 걸어가고 있는 인류의 역사를 생각할 때, '무시 이래의 훈습'이라는 말이야말로 전 존재의 본질을 예리하게 지적한 뛰어난 표현이라는 것을 느끼게 한다.

마음이 약하고 키가 작다고 괴로워할 수도 있다. 그러나 이와 같은 고민과 그에 따르는 괴로움은 표층의 물거품에 지나지 않는다. 우리들은 눈을 더 크게 떠서 심층에 있는, 영원의 옛날부터 계속 흘러온 저수(底水)로 눈을 돌려야만 한다. 그것은 영원히 이어지는 정신활동의 일대조류이다. 그것도 직선적인 흐름이 아니라 하나의 원 안을 끝없이 계속 돌아가는 원형의 흐름이다.

그것은 '종자생현행'→'현행훈종자'→'종자생종자'의 세 과정으로 성립하는 전 존재의 유기적 원환운동이다.

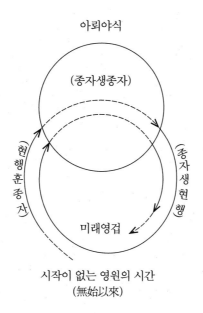

10) 식전변(識轉變)

지금 전 존재를 하나의 순환적 흐름에 비유했지만, 그것은 환언하면 여러 가지 정신활동이 순환적으로 상속하는 것이다. 정신활동은 일정한 상태로 정지해 있지 않고 계속 변화한다. 세친은 이와 같은 정신의 변화활동을 식전변(識轉變, vijñāna-pariṇāma)이라고 명명하였다.

그는 자신의 주저(主著)라고 할 수 있는 『유식삼십송』의 서두 게송에서 다음과 같이 말하고 있다.

> 인(人, ātman)이나, 법(法, dharma)이라는 존재를 여러 가지로 개념 설정(upacāra, 假設)하지만, 그것은 모두 식의 전변에서 행해진다. 그리고 그 식의 전변에는 세 종류가 있다.

이 게송의 의미를 쉽게 설명하면 다음과 같이 말할 수 있을 것이다. 즉 우리들은 '나는 ○○라는 인간이다', '저 사람은 누구다', '우리들은 이성을 갖춘 인간이다' 등으로 생각한다. 혹은 '이것은 나무다', '여기에 돌이 있다', '인간은 정신과 육체로 되어 있다', '물의 성분은 수소와 산소다'라는 생각도 한다. 그런데 자기·타인·인간, 혹은 나무·돌·정신·육체·수소·산소는 우리들의 심적 활동을 떠나서 존재하는 것이 아니라, 다만 우리들의 정신활동을 통해 개념화된 임시적(假) 존재에 지나지 않는다.

그리고 이 정신활동(전변)을 아래와 같이 세 가지로 나눈다.

　①이숙전변(異熟轉變)—아뢰야식의 활동

　②사량전변(思量轉變)—말나식의 활동

　③요별경전변(了別境轉變)—전육식의 활동

　세친의 이 식전변(vijñāna-pariṇāma)이라는 생각은 안혜에 이르러 인전변(因轉變)과 과전변(果轉變)으로 나누어지는데, 그로 인해 종래의 아뢰야식연기설은 새로운 이론적 지주를 얻어 더 한층 발전했다.

　전변과 더불어 중요한 개념으로는, 미륵의 저작이라고 여겨지는 여러 논서에 많이 보이는 '현현(顯現, ābhāsa, pratibhāsa, prakhyāna 등)'이 있다. 이것은 우리 마음의 인식작용을 말하는 것이지만, '~에 유사하게 현현한다'라고 번역되는 것처럼 우리들의 '마음'은 원래 비존재인 사물(외계라든가 자기)의 용모·모습을 띠고, 그것들과 닮은 것으로 나타난다고 하는 점을 강조한 개념이다. 그 정형적인 용례는 A - pratibhāsaṁ vijñānaṁ prajāyate(A에 유사하게 현현하는 식이 생긴다)라는 표현형식으로 정리할 수 있다. 이 '현현'이라는 개념은 뒤에 '전변'과 결합해서 사용되고, 중국에서는 다시 양자를 결합하여 '변현(變現)'이라는 표현을 만들었다.

3. 외적 존재의 부정(唯識無境)

1) 유식무경의 입증

존재하는 것은 단지 정신활동뿐이며, 나무나 돌 등과 같은 외적 사물은 실재하지 않는다.

이러한 유식사상의 주장을 '유식무경(唯識無境)'이라고 한다. 그런데 이 유식무경을 증명하는 방법에는 다음의 두 가지가 있다.

① 경전의 문장을 인용하는 방법(教証)
② 이론에 의해서 논증하는 방법(理証)

인도사상 일반에서 어떤 인식을 성립하게 하는 근거 내지 수단을 '량(量, Pramāṇa)'이라고 한다. 불교에서는 현량(現量)과 비량(比量)과

성교량(聖教量)의 세 가지 량을 인정하는데, 교증(教証)은 이 가운데 성교량에 해당한다. 불교는 본래적으로는 불타(Buddha)의 가르침이다. 따라서 철학이나 사상이 논리나 도리의 명석성·정당성을 중시하는 것과 달리 불교는 불타가 설한 경전의 문구를 최고의 권위로 받든다. 그리고 이론적 논증은 그 경전의 문구, 정확하게는 불타의 가르침 그 자체를 근거로 성립한다는 기본적 견해는 후기불교에서도 유지되고 있다.

2) 교증(教證)-경전을 인용한 증명

먼저 유식무경의 교증부터 고찰을 시작해보자. 유식무경의 교증은 『섭대승론』 소지상분(所知相分), 『현양성교론』 권 제14, 『대승광백론석론』 권 제10, 『성유식론』 권 제7 등에 보이지만, 이 중 출전이 분명한 『성유식론』에서 인용한 경문을 열기해 보자.

① 또한 이와 같은 생각을 일으킨다. 삼계는 허망하여 다만 마음이 짓는 것이다. 십이연분은 모두 마음에 의지한다.(『화엄경』, 십지품, 『대정장』 9권, 558쪽 하)
② 자씨보살이 또 부처님께 사뢰어 말하기를, 세존이시여, 모든 위바사나와 삼마디가 행하는 바의 영상은 이 마음과 마땅히 다르다고 해야 합니까, 마땅히 다르지 않다고 해야 합니까? 부처님께서

자씨보살에게 말씀하시길, 선남자여! 마땅히 다르지 않다고 해야 한다. 무슨 까닭인가? 저 영상은 다만 이 식으로 말미암은 까닭이다. 선남자여! 내가 식의 소연(所緣)은 유식의 소현(所現)이라고 설한다.(『해심밀경』, 분별유가품, 『대정장』16권, 698쪽 상중)

③ 제법은 모두 마음을 여의지 않는다.(이 문장은 『성유식론술기』에 의하면 『능가경』의 여러 문장을 정리한 것이라고 한다. 이것은 아마도 범문에 빈번히 나오는 svacittadṛśyamātra, cittamātra, vikalapamātra 등의 의미를 정리한 표현일 것이다.)

④마음이 청정하기 때문에 중생이 청정하다. 마음이 물들었기 때문에 중생이 물든다.(『무구칭경』권 제2, 『대정장』14권, 563쪽 중)

⑤사지(四智)를 성취한 보살은 능히 유식무경을 깨달아 들어간다.(『대승아비달마경』)

⑥ 심의식소연은 모두 자성을 여의지 않는다. 그렇기 때문에 나는 일체가 오직 식만이 있고 다른 것은 있을 수 없다고 설한다.(『후엄경』)

이 밖에 『현양성교론』은 『아함경』을, 또한 『대승광백론석론』은 『반야경』을 인용하고 있지만, 이들 교증 중에서 가장 대표적인 것은 거의 모든 논서가 인용하고 있는 『화엄경』의 '삼계유심(三界唯心, citta-mātraṃ-traidhātukam)'이라는 경문일 것이다.

3) 이증(理証)-이론에 의한 증명

이론에 의한 유식무경의 증명도 다각도로 행해지고 있지만 그 모두를 소개하기는 어려우므로 그 가운데 대표적인 예를 몇 가지 제시하고자 한다.

(1) 꿈에 보이는 것은 실재하지 않는다

유심론과 유물론의 투쟁이야말로 서양철학사를 장식하는 일대 사건이며, 또한 아직껏 해결되지 않은 상태이다. 정신이 먼저인가 아니면 물질이 먼저인가라는 문제는 과학문명의 정점에 도달한 현대에도 여전히 인류를 고민하게 하는 어려운 문제이다. 외계의 비존재를 완전무결한 이론을 가지고 증명하는 것은 그만큼 어렵다.

'외계에 대상이 실재하지 않는데 왜 그 대상을 확인하는 인식작용이 일어날까?'라는 의문에 답함으로써 외계의 비실재를 증명하려는 소극적인 시도가 유식논서에서 왕성하게 행해진다. 즉 '불이라는 사물이 외계에 실재하지 않는다면, 왜 현실에서 빨간 불꽃을 보거나 거기에 닿아 뜨겁다고 느끼는가?'라는 질문에 대하여,

꿈속에서 붉은 불을 보고, 그것이 몸에 닿을 때 뜨겁다고 느끼는 것이 있다.

그렇지 않는가, 라고 답하는 것이다. 분명히 꿈속의 불은 실재하지 않는다. 그럼에도 불구하고 꿈속에서는 그것을 마치 실재하는 것처럼 보고 있다. 따라서 꿈과 마찬가지로 현실에서도 불은 실재하지 않지만, 그것을 보는 인식작용이 생겨도 이상하지 않다는 것이다.

현대인의 관점에서 보면, 이 논증에는 분명히 모순이 있다. 왜냐하면 꿈의 세계와 현실의 세계를 같은 차원의 것으로 생각하고 있기 때문이다.

그러나 현실의 깨어 있는 세계, 서양인이 좋아하는 이성의 세계에 고집하여 꿈의 세계를 완전히 무의미한 것이라고 경시하는 현대인의 사고방식이야말로 커다란 결함이 있는 게 아닐까?

불타(Buddha)란 '깨달은 사람'이라는 의미이다. 진리를 깨달은 사람이다. 환언하면, 이 미혹의 세계로부터 각성한 사람이다. 따라서 이와 같은 사람에게는 우리들이 경험하는 현실의 세계도, 하나의 꿈의 세계에 지나지 않는다. 이 세계가 '환영과 같은 존재(如幻有)'라는 것은 인도사람들이 즐겨 사용하는 표현이지만, 이것도 각자(覺者)의 입장에서 말할 수 있는 것이다. 우리들은 『유식이십송』에 있는, '유식은 부처의 경계이다.'라는 말을 깊이 음미하여 유식사상이 꿈의 비유를 이론적 논증에 인용하는 것의 중요성을 잘 인식하지 않으면 안 된다.

프로이트나 융에게 꿈이란 무의식의 세계를 아는 단서였고, 유식에서 꿈은 현실세계(의식의 세계)의 비존재를 입증하는 이론적 근거였다.

(2) 선정체험에 바탕을 둔 확증

유식무경의 이치는 단지 머릿속에서만 이론적으로 구성된 것은 아니다. 그것은 불교의 본질·진수라고도 해야 할 '선정(禪定)'을 닦아, 그 체험에 근거하여 확고한 신념을 가지고 제창된 이론이다.

예를 들면 『섭대승론』이나 『대승아비달마집론』 등에 인용되는 『분별유가론』의 게송에,

보살은 선정의 경계에서 그림자가 오직 이 마음임을 본다.
의미와 표상이 이미 소멸해 없어지면 오직 자기 속의 표상만을 자세하게 관찰할 뿐이다.
이와 같이 안의 마음에 머물러 인식대상이 존재하지 않음을 안다.
다음으로 인식주체도 또한 없고, 마지막으로 얻을 것도 없다는

것을 안다.

라고 설해져 있다. 정신을 어느 하나의 대상에 집중하여 마음을 적정 상태로 만드는, 즉 선정에 들어가면 자기 마음속에 나타나는 대상의 모습(영상)은 자기 마음 이외의 어떠한 것도 아니라고 관찰하게 된다는 것이다.

영상의 원어는 프라티빔바(prati-bimba)이다. 이 말은 본래는 '거울 속의 상', '그림자(影)' 등의 의미를 가진, 어떤 사물과 유사한 모습을 말한다. 이것이 인식작용에서 사용되는 경우, 영상이란 서양철학·심리학에서 말하는 '표상(表象, Vorstellung)'에 가까운 개념이 된다. 그러나 실재론자가 말하는 표상에는 거기에 대응하는 사물이 외계에 실재한다. 그리고 그 사물의 인상이 그 사물의 표상이다. 그런데 선정에서 사물의 영상 즉 표상은 마음 그것이 그와 같은 사물의 모습으로 현현한 것이라고 한다. 즉 '선정 중의 영상'이란 '마음의 자기 생산적 표상'이라고 할 수 있다.

이 선정체험에 근거하여 일상의 의식에서도, 예를 들면 매화꽃을 보는 것은 매화꽃의 모습으로 현현한 자기의 마음을 자기의 마음이 보고 있음에 지나지 않는, 즉 마음이 마음을 보는 것일 뿐 외계에는 사물이 존재하지 않는다고 주장하는 것이다. 다시 『현양성교론』 권 제 14에는 모든 현상은 마음이 낳은 결과라는 유식의 이치를 증명하는 가운데,

선정심의 자유자제한 힘으로 말미암은 까닭에 그 바라는 바에

　　따라 선정심의 경계영상이 생긴다.

라는 이유를 들고 있다. 이것은 깊은 선정에 들어가면 자기의 생각대로 자유롭게 영상을 만들어낼 수 있다는 선정체험을 말한 것이다.

　그런데 대상의 영상은 마음에 지나지 않는다, 혹은 마음은 임의의 영상을 만들어낼 수 있다는 관찰은 모두가 선정이라는 특수한 심리상태에서 이루어지는 것이다. 따라서 이 관찰사실을 일상의 경험세계에 바로 적용해서 외계의 사물은 모두가 자기의 마음이 변화한 것이라고 결론 내리는 데 대해 현대인은 커다란 의문을 품게 될 것이다.

　그러나 불교적인 관점에서 보면, 선정의 세계는 결코 특수한 심리과정이 아니라 오히려 그렇게 있어야 할 본래적 세계이며, 사물의 본질을 보다 바르게 파악할 수 있는 심리상태이다. 역으로 우리들이 익숙해 있는 일상경험 쪽이 특수하며, 더구나 허위의 세계라고 한다.

　선정체험을 떠나 불교사상을 생각할 수가 없다. 선정체험을 바탕으로 비로소 불교의 근본교리를 충분히 이해할 수 있게 된다. 유식무경의 이치에 관해서도 사정은 마찬가지이다.

(3) 아뢰야식연기설에 의한 근거

　앞에서 말했던 것처럼 외계에 사물의 실재를 인정하는 실재론자는,

예를 들면 A라고 하는 사물을 보는 경우 인식의 성립을 다음과 같이 설명할 것이다.

외계의 사물 A의 인상 즉 A의 표상(영상 A')을 마음이 본다.

이에 대해 유식사상은,

영상 A'는 마음자신이 변화한 것이고 만들어낸 것이며, A'에 대응하는 사물 A라고 하는 것과 같은 것은 외계에 있지 않다.

라고 설명할 것이다.

여기서 문제가 되는 것은 왜 동일한 마음이 객관과 주관으로 분리되는가, 그 동인(動因)과 구조는 어떻게 되어 있는가, 라는 것이다.

여기에 등장하는 것이 유명한 '아뢰야식연기설'(근본적인 아뢰야식으로부터 전 현상이 생기한다고 하는 이론)이다. 즉 앞에서 말했던 것처럼 아뢰야식 가운데 있는 A라는 종자가 성숙하고 발화하여 A라는 영상을 만들어내고, 그것을 동일한 아뢰야식 가운데 종자로부터 생긴 안식이 본다는 인식의 구조이다.

그리고 이 아뢰야식연기설에 근거하는 한 외계에 매화나무가 실재하지 않아도 매화나무를 본다는 지각은 성립한다.

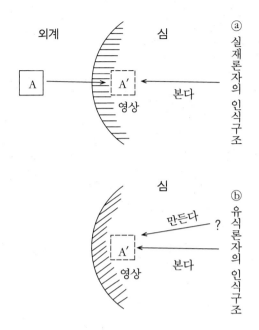

외계　　　심　　　ⓐ 실재론자의 인식구조

본다　영상

심　　　ⓑ 유식론자의 인식구조

만든다　?

본다　영상

(4) 그 외의 이론적 증명

지금까지 기술해왔던 것 이외에도 사지(四智)에 의한 정밀한 이론 적 뒷받침(『섭대승론본』 권 중, 『대정장』 31쪽, 139쪽 상, 『성유식론』 권 제7, 『대정장』 31권, 39쪽 상), 이름(名, nāma)과 의미(義, artha) 의 상호객진성(āgantukatva)에 의한 논증(『대승장엄경론』 권 제12, 『대 정장』 31권, 653쪽 하, 『현양성교론』 권 제16, 『대정장』 31권, 557쪽 하), 사물을 극미[원자(原子), aṇu]까지 분석하여 그 비존재를 증명하는 방법(『대승아비달마집론』권 제3,『대정장』31권, 675쪽 중,『장중론』,『대정장』31권, 884쪽 하,『성유식론』권 제1,『대정장』31권, 4쪽 상) 등이 있지만 이 책에서는 검토를 생략한다.

　이상 유식무경의 이론적 증명을 소개했지만 현대의 과학적 입장에 의하면 모두 다 불충분한 이론이라고 할 수 있다. 그러나 불교사상의 본질은 논리나 이론 이전에 소위 '체험'으로 뒷받침된 것이다. 과학만능이라는 주술에 현혹되어 자연과 자기의 참모습은 잊어버리고 있는 현대인은 깊은 선정체험으로부터 분출한 '유식무경'의 이치에서 많은 것을 배워야 할 필요가 있지 않을까.

4. 인식의 존재방식

1) 주관과 객관

지금 간단한 예를 들어 유식사상은 우리들의 인식구조를 어떻게 파악하고 있는가를 설명해보자. 어두운 밤길을 혼자 두려워하면서 걷고 있을 때 바람에 흔들리는 버드나무가 유령처럼 보여 깜짝 놀랐던 경험을 어릴 때에는 누구라도 했을 것이라고 생각한다. 이러한 경우 이 인식을 성립시키는 요소에는 세 가지가 있다.

① 실재의 버드나무
② 버드나무를 보는 마음
③ 유령

이 가운데 실재의 버드나무는 '객관', 그것을 보는 마음은 '주관', 유령은 마음속에 나타난 시각적 '표상'이다. 마지막 유령에 관해서는 뒤에 언급하기로 하고, 여하튼 우리들의 인식은 반드시 주관과 객관이라는 두 요소로 성립하고 있다.

문제는, 버드나무라는 사물의 존재를 어떻게 파악하느냐는 것이다. 그것을 외계에 실재한다고 하면 '실재론'이 되고, 마음속에 수렴하면 '관념론(유심론)'이 된다. 불교적으로 말하면 전자는 '유외경론(有外經論, bāhyārtha-vāda)'이고, 후자는 '유식론(唯識論, vijñapti-mātra-vāda)'이다.

주관과 객관에 상당하는 대표적인 불교용어를 정리하면 다음과 같다.

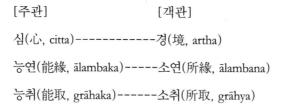

[주관]   [객관]
심(心, citta)------------경(境, artha)
능연(能緣, ālambaka)-----소연(所緣, ālambana)
능취(能取, grāhaka)------소취(所取, grāhya)

이 중 치타(citta, 心)와 아르타(artha, 境)는 원시불교 이래로 사용되고 있는 용어이다. 아람바카(ālambaka, 能緣)와 아람바나(ālambana, 所緣)는 아비달마불교 이래의 용어이며, 서양에서 말하는 주관·객관에 상당하는 가장 정형적인 말이다. 다만 주관(subject)이란 인식하는 주체·기체를 말하고, 객관(object)이란 그 주관에 의해서 인식되는 대상, 더욱이 주관에서 독립하여 존재하는 대상을 말한다. 주관과 객관은 단독으로 존재할 수 있다고 여겨지기도 하는데, 아람바카(ālambaka, 能緣)와 아람바나(ālambana, 所緣)는 그 한역에서도 알 수 있는 것처럼 이른바 상호 의존관계를 가진다. 아람바카(ālambaka)와 아람바나(ālambana)는 모두 '의한다', '의지한다' 등의 의미를 갖는, 어원이 lamb 라는 동사의 파생어이다. 즉 인식의 대상(所緣)은 '의존되는 것'이며 대상을 인식하는 작용(能緣)은 그 대상에 '의존하는 것'이다. 즉, 반드시 대상인 존재에 의하여(緣), 그것을 인식하는 작용이 생긴다고 파악하는 점에 특징이 있다. 구체적인 인식이 생길 경우에는 반드시 인식 대상에 존재가 필요하다고 보는 입장이다. 유식사상은 능·소라는 의존관계에 주목하여 '만약 소연(인식되는 것)이 존재하지 않으면, 능연(인식하는 것)도 존재하지 않는다.'라는 논리를 종횡으로 구사하여 단순히 대상뿐만 아니라 그것을 인지하는 심적 존재마저도 부정한다(境도 識도 모두 존재하지 않는다고 하는 境識俱泯의 사상).

끝으로 그라하카(grāhaka, 能取)와 그라흐야(grāhya, 所取)라는 술어는 『반야경전』군 가운데 산재해 있지만 이것을 중요한 용어로 사용하기 시작한 이는 미륵이다. 따라서 그의 저작이라고 전해지는 것(『중변분별론송』, 『대승장엄경론송』, 『법법성분별』 등) 가운데에는 헤아릴 수 없을 만큼 많이 등장하며, 다시 그 이후의 유식 논서에도 많이 나타난다. '파악한다', '관찰한다', '인정한다' 등의 의미를 갖는 어근 grah에서 유래하는 그라하카(grāhaka), 그라흐야(grāhya)를 유식유가행파의 사람들이 즐겨 사용했던 것은, 정신적 존재만을 인정하는 일체유식의 입장에서 존재를 인식론적으로 파악하려 한 태도의 일례를 보여준다.

2) 4종의 심적 영역(四分說)

앞에서 기술한 것처럼 인식의 존재방식을 객관(보이는 것)과 주관(보는 것)으로 이분하는 것은 서양철학에서도 확인되는 것이다. 그러나 존재=정신활동이라고 생각하여 그 정밀한 분석관찰을 행했던 유식유가행파의 사람들은 객관과 주관의 배후에 다시 다른 심적 작용을 설정하고, 최종적으로는 네 가지 심적 영역을 구분하기에 이르렀다.

이것을 '사분설(四分說)'이라고 하며 유식사상의 중요한 교리 가운데 하나이다. 사분이란 마음의 네 가지 부분이라는 의미로 다음 4종류를 말한다.

① 상분(相分)
② 견분(見分)
③ 자증분(自證分)
④ 증자증분(證自證分)

'상분'이란 사물의 형상(相狀)을 띤 객관으로서의 심적 부분이다. '견분'이란 곧 상분을 파악하고 인식하는 주관으로서 보는 작용을 하는 심적 부분이다. 그리고 상분과 견분으로 이극화(二極化)하기 이전의 마음을 '자증분(自證分)'이라고 한다. 즉 '마음 그 자체'가 보이는 측과 보는 측으로 이극화하여 그 대립 위에 감각·지각·사고 등의 여러 가지 인식작용이 성립한다. 자증분이 상분·견분으로 변화하는 것을 『성유식론』권 제1의 유명한 말로

자체가 전변하여 두 가지로 나누어진다.

라고 한다.

그런데 이 마음의 본체인 자증분을 다른 이름으로 자증분(自証分)이라고 한다. '자증분'이란 정식으로는 증자분(자기를 증명하는 분)이라고 해야 하며, 자(自) 즉 견분의 작용을 확증·확인하는 작용을 말한다. 이 자증분을 주장하는 것에 대해서 알기 쉬운 예를 들어 설명해 보자.

여기에 끈이 있고, 그 길이를 자로 잰다고 하자. 그러면 끈과 자 외에, 그 길이를 cm라고 파악하고 확인하는 지적 작용이 있어야만 비로소 끈의 길이를 안다고 하는 인식작용이 완성된다. 이 경우 '끈'이 상분, '자'가 견분, '읽어내는 지적 작용'이 자증분에 각각 상응한다. 비유는 항상 일분비유(一分譬喩, 부분적으로밖에 비유가 되지 않는다)이기 때문에, 이 경우의 비유도 실제의 인식작용에 그대로 들어맞지는 않는다. 그러나 그 주장하고자 하는 바는 '어떤 인식작용이 완전히 성

립하기 위해서는 우리들이 보통 주관의 작용이라고 하는 작용을 다시 확증하는 심적 작용이 필요하다.'는 것이다. 이러한 의미로 주관(견분)의 작용을 확증하는 작용으로서 자증분을 설정한다.

다시 이상의 논리에 의하면 자증분의 깊은 곳에 이 자증분의 작용을 확증하는 또 하나의 확증작용이 존재하게 된다. 따라서 그것을 '증자증분(証自証分)'이라 이름한다. 그러나 이 증자증분을 다시 확증하는 작용, 확증한 증자증분을 다시 확증하는 작용 등 무한한 확증작용이 불가피하다. 무한소급이라고 하는 이 모순을 극복하기 위해서, 증자증분을 확증하는 것은 앞의 자증분이라고 하여 전부 4종의 심적 부분(四分)을 가지고, 어떤 하나의 인식작용이 완성된다고 생각한다. 이상 말한 바를 그림으로 나타내면 다음과 같다.

이 네 가지를 상품판매에 비유해보면, 상분으로부터 차례로 상품의 가격, 점원, 점장, 사장에 비유할 수가 있다. 즉 점원(견분)이 상품의 가격을 확인하고, 그 점원의 평가(상분)를 점장(자증분)이 하고, 다시 점장의 평가를 사장(증자증분)이 각각 확인하는 것이다.

이와 같이 마음을 4종으로 나누는 사분설은 호법의 설이며, 안혜는 일분(一分), 난타는 이분(二分), 진나는 삼분(三分)을 제각각 주장했다고 말하고 있다.

사분설을 간단히 설명했지만, 예로부터 '사분삼유유식반학(四分三類唯識半學, 사분설과 삼유경설을 이해하면 유식사상의 반을 마스터한 것이 된다)'라는 말이 있듯 이 사분설은 중요한 동시에 대단히 난해한 사상이기도 하다. 따라서 전문적으로 배우지 않는 한 그 진의를 파악하는 것은 거의 불가능하다.

분명히 이 사분설의 내용에는 사변적으로 구축한 것 같은 공리공론의 면도 없지는 않다. 그러나 이 정도로 면밀하고 정교하게 인간의 정신구조를 추구해왔던 노력의 배후에는 '진리란 무엇인가. 진리를 파악하는 마음의 구조는 어떤 것일까?'라는, 불교 본래의 궁극적 과제를 해결하고자 하는 지칠 줄 모르는 정열이 흐르고 있다는 것을 읽어야만 한다. 특히 외계의 사물에만 눈을 빼앗겨 자기의 내면에는 소홀하기 쉬운 현대인은 말할 것도 없다.

3) 왜 유령을 보는가

인식의 구조가 밝혀졌으니 이야기를 앞의 유령의 비유로 돌려서, 어떻게 우리들이 현실에 존재하지 않는 유령을 보는 것인가, 넓게 말하면 착각은 왜 일어나는가라는 문제에 대하여 고찰해보고자 한다.

현실의 버드나무를 유식에서는 '본질'이라고 한다. 그것은 근본식인 아뢰야식이 변화한 것이다. 그리고 유령이라는 표상은 앞에서 기술한 사분으로 말하면 '상분', 바꾸어 말하면 '영상'이다. 즉 버드나무라는 사물 그 자체(본질, bimba)에 대하여 유령이라는 표상(영상, prati-bimba)이 일어나기 때문에 유령을 본다는 착각이 생기는 것이다.

이와 같이 우리들의 인식은 사물 그 자체가 아닌 그것의 영상밖에 파악할 수 없는 인식기구에서 착각의 근본원인을 찾을 수가 있다. 착각의 경우뿐만 아니라 버드나무를 버드나무라고 인지하는 정상적인 인식에서도 버드나무와 닮은 버드나무의 표상(=영상상분)을 인식하고 있음에 지나지 않는 것이다. 즉, 우리들의 일상의 인식은 모두,

사물 그 자체의 진실을 파악할 수는 없으며, 진실이 아니면서 진실과 유사한 모습밖에 파악할 수 없다.

라는 점에서 인식의 한계성의 근본원인을 찾을 수가 있다. 아무리 버드나무에 눈을 가까이 해도 시각표상을 통해서밖에 버드나무를 파악할 수 없다. 혹은 아무리 버드나무를 세게 잡아도 감촉을 통해서밖에 그것을 느낄 수 없다.

그런데 언제나 버드나무를 유령이라고 보는 것은 아니다. 어두운 밤길을 두려워하면서 걸어가고 있었다는 조건이 작용하였기에 버드나무를 유령으로 보는 것이다. 즉 무섭다고 두려워하는 마음, 정확하게 말

하면 제6의식이 유령을 보는 것이다. 환언하면 제6의식의 상분이 유령이다.

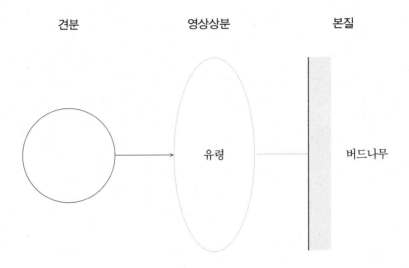

견분   영상상분   본질

유령   버드나무

그런데 현실의 버드나무와 유령이라는 의식의 상분은 모두 아뢰야식으로부터 생긴 것, 변화한 것이다. 그러나 현실의 버드나무와 유령은 분명히 그 존재성을 달리한다. 이 점을 유식사상에서는 어떻게 설명할까.

모든 것은 아뢰야식이 변화(轉變, pariṇāma)한 것이라고 보는 것이 유식의 근본사상이다. 그러나 그 '변화'의 방식에 다음 두 종류가 있다.

    ① 인과 연에 의해서 변화한 것(因緣變)
    ② 분별의 힘에 의해서 변화한 것(分別變)

  예를 들면 자기의 육체와 자기를 둘러싼 자연계는 아뢰야식 가운데 있는 실유의 종자(因)와 선세의 업(緣)의 두 원인에 의해서 생긴 것으로, 자기의 의지나 감정 등과는 관계없이 자연히 형성되어 실체(서양 철학에서 말하는 실체의 개념과는 다르다)가 있으며 현실의 작용을 갖는 것이다. 예를 들면 정원의 나무, 돌, 자기의 육체는 자기의 마음이 만들려고 생각하여 만든 것이 아니다. 그것들은 아뢰야식의 대상(상분)으로서, 가령 자고 있을 때에도 계속 존재하고 있는 것이다. 버드나무는 언제나 아뢰야식에 의해서 인식된다. 다만 아뢰야식의 인식작용이 미세하기 때문에 그것이 지각될 수 없을 뿐이다.

  여하튼 우리들의 육체와 자연계 즉 현대에서 말하는 물질적인 것은, 의지나 감정 등의 표층적 심리작용과는 무관하게 만들어진 것이다. 이것을 전문적으로는 '인연변(因緣變)'이라고 한다.

  이와 반대로 감정이나 의지 등의 힘에 의해서 만들어진 표상, 예를 들면 유령 등은 거기에 대응하는 실체가 결코 존재하지 않는다. 과거나 미래의 일을 생각하거나 꿈을 꾸거나 혹은 뿔이 난 토끼나 털이 난 거북 등을 상상하거나 하지만, 그런 것들은 모두 자기의 제6의식이 무리하게 만들어낸 가상의 표상에 지나지 않는다. 이런 의미에서 이들을 전문적인 용어로 '분별변(分別變)'이라고 한다.

어쨌든 모든 존재는 식이 변화한 것이라고 하면서도 그들 가운데 아뢰야식의 대상(정확히 말하면, 전5식의 대상이기도 하다)인 자연계와 육체는 어느 정도의 존재성을 인정받고 있지만, 제6의식의 대상 가운데에는 그 존재성이 완전히 부정되는 것이 많다. 우리들은 언제나 과거를 후회하고 미래를 걱정한다. 그 대부분이 분별이 만들어낸 것, 즉 앞에서 말했던 버드나무를 유령이라고 보는 것과 큰 차이가 없다. 우리들은 언제나 제6의식에 현혹되어 참 인식 그 자체로부터 멀리 이탈해 있다.

버드나무를 유령으로 잘못 보는 착각 등은 특수한 예이며, 일상생활에 큰 영향을 주는 것은 아니다. 그 이상으로 중요한 착각, 게다가 우리들이 그것을 착각이라고 알아채지 못하는 착각, 그리고 그런 까닭에 우리들의 모든 고뇌가 생기는 것과 같은 착각이 있다. 그것에 관해서는 절을 달리하여 기술할 것이다.

4) 인식의 세 가지 존재방식(三量)

비유를 달리하여 붉은 장미꽃을 바라보는 경우에 대해 생각해보자. 동일한 장미를 인식하더라도 다음과 같이 세 가지로 생각할 수 있다.

① 붉은 장미를 감각한 순간의 인식

② '그것은 붉은 장미이다.'라고 지각하는 인식

③ 장미로 보지 않고, 그것을 모란이라고 잘못 인지하는 인식

이 세 가지 인식을 전문용어로 말하면 차례대로 현량(現量, 지각), 비량(比量, 추리), 비량(非量, 인식수단이 아닌 것)이다(量의 원어 pramāṇa는 도량 · 측도 · 측정 등의 의미를 갖지만, 인도철학 일반에서는 '인식 수단'의 의미로 사용된다). 이 중 현량은 장미를 보는 순간 그것이 아직 장미꽃이라고 판단하기 이전의, 혹은 자신이 그것을 바라보고 있다고 생각하기 이전의 경험이다. 니시다 키타로(西田幾多郎)의 말을 빌리자면 그것은 '순수경험'이다.

다음으로 비량(比量)이란 장미를 감각한 다음 언어에 의해서 '이것은 붉은 장미이다.'라고 지각하는 단계이다. 비량은 보통 추량(推量)이라고도 번역되며, 연기가 나는 것을 보고 거기에 불이 있을 것이라고 생각하는 경우의 인식방법을 말할 때도 있지만, 넓게는 우리들의 언어에 의한 개념적 사고일반을 말한다.

비량(非量)이란 장미를 모란이라고 본다든가, 버드나무를 유령이라고 본다든가, 황색을 적색이라고 보는 등의 착각을 말한다.

여기서 8종의 식과 세 가지 인식방법(三量)의 관계를 생각하고, 세 가지 인식수단(三量)을 설하는 참된 의미를 고찰해보자.

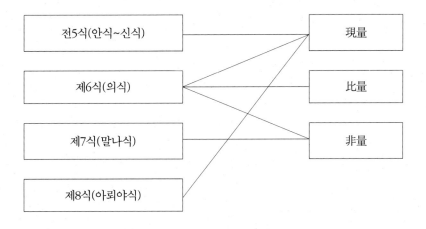

현량은 아뢰야식과 전5식(안식·이식·비식·설식·신식)과 의식의 일부(선정에 들었을 때의 의식)의 작용을 말한다. 심층심리인 아뢰야식은 자기의 대상, 즉 종자와 육체(有根身)와 자연계(器世間)를 직접적으로 파악한다.

안식~신식, 바꾸어 말해서 시각·청각·후각·미각·촉각이라는 여러 감각이 현량이라는 점에 주목해야 한다. 아리스토텔레스도 『디·아니마』(정신론)에서 이들 다섯 가지 감각은 언제나 참이라고 지적하고 있는 것처럼, 불교에서도 전5식의 감각은 사물 그 자체를 파악함에 잘못됨이 없다고 주장한다.

그러면 잘못된 인식을 일으키는 것은 무엇인가? 그것은 비량의 작용을 갖는 의식이다. '저것은 버드나무이다. 아니 혹은 유령일지도 모른다.'라고 개념적으로 사물을 파악하려는 의식이다. 이 의식이야말로 우리들의 정신활동에서 가장 주의해야만 하는 왜곡의 요인이다.

분명히 인간은 동물에게서는 볼 수 없는 고도의 사고능력을 지니고 있다. 언어(로고스)를 구사할 수 있기 때문이다. 그러나 역으로 언어적 사고를 하기 때문에 사물의 본질을 제대로 보지 못하고 때로는 커다란 오류를 범하는 것도 사실이다. 종교적으로 말하자면 언어가 있기 때문에 우리들은 괴로워하는 것이다. 잘못된 비량(比量)을 비량(非量)이라고 한다. 앞에서 말했던 것과 같은 착각이다. 그러나 장미를 모란이라고 보는 것과 같은 착각은 별로 큰 문제는 아니다. 불교가 가장 강조하는, 또 하나의 착각이 있다.

5) 자아집착의식

그 근원적 착각이란,

자기라고 하는 실체가 실재한다.

고 보는 것이다.

불교는 그때까지 인도사상계를 지배하고 있던 아(我, ātman)의 사상을 부정하고, '모든 존재에는 실체가 없다'는 주장, 즉 '제법무아(諸法無我)'를 기치로 삼았다. 자기라는 존재에도, 또한 자기를 둘러싼 여

164

러 가지 사물에도, 그들을 그들이게끔 하는 영원불변의 실체는 존재하지 않는다고 보는 견해이다. 분명 우리들은 손이나 발 등의 오체를 가지고, 울고 웃으며, 기뻐하고 슬퍼하는 자기가 존재한다고 생각한다. 장미를 보는 경우 반성적이기는 해도 장미를 바라보고 있는 자기라는 존재를 의식하게 된다. 그러나 불교는 그와 같은 자신·자기는 존재하지 않는다고 주장한다.

그러면 왜 자기는 존재하지 않는가? 원시불교 이래 불교 이론의 태반은 이 물음에 대한 해답을 중심으로 해서 만들어졌다고 할 수 있다. 그리고 그 해답을 한마디로 말하면,

　　'자기존재는 연기이기 때문'

이다.

'연기(緣起)'란 자기 이외의 다른 직접원인(因, hetu)과 보조인(緣, pratyaya)의 힘에 의해서 생기한다는 의미이며 그와 같은 존재를 '인연소생의 법'이라고 한다. 즉 우리들의 자기존재는 그것을 구성하는 다섯 개의 요소(色·受·想·行·識)가 어떤 연에 의해서 결합하고, 거기에 정신과 육체를 갖춘 자기라고 하는 존재가 임시적으로 성립한 것이며 자기라는 영원불멸의 실체가 있는 것은 아니라는 것이다(이것을 五蘊假和合說이라고 한다).

유식사상까지는 사물의 비존재(무자성)를 위주로 이 연기설에 근거

하여 설명해왔다. 특히 중관파의 사람들은,

인연소생의 법이기 때문에 무자성이다.

라는 정형구를 자기 학파의 강령처럼 중시한다.

유식사상도 물론 근본적으로는 연기설 위에 성립하고 있다. 그러나 정신적인 존재 이외에는 인정하지 않는 유식사상은 식 상호 간의 인식 관계에 의한 무아의 이론을 잘 구축하고 있다.

그리고 오온의 결합체를 자기라고 생각하는 자아의식에 덧붙여, 통상적인 의식의 깊은 곳에 있는 이른바 잠재적인 자아의식의 존재를 발견한 것이다. 그 자아의식이란 앞에서도 기술한 '말나식'이다.

이 말나식의 근본적 작용은 말나식이 거기에서부터 생겨난 근본인 아뢰야식을 바라보며 그것을 '자아'라고 인식하고 그것에 집착한다.

마나(manas)란 사량(思量)이라고도 한역되는 것처럼, 생각한다, 사고한다 등의 의미이다. 제6의식의 '의(意)'도 원어는 역시 마나(manas)이지만, 말나식은 '항심사량(恒審思量)'이라는 말처럼 의식 안에서 언제나(恒) 활동을 계속하며 깊고 강하게(審) 자기집착작용을 행하고 있다는 점에서 의식과는 다르다.

자기의 마음 혹은 육체를 바라보며 이것은 자기라고 생각하는 것은 이른바 개념을 사용한 자아의식이며, 평소에 '나이다, 자기다'라고 계속 생각하고 있는 의식이다.

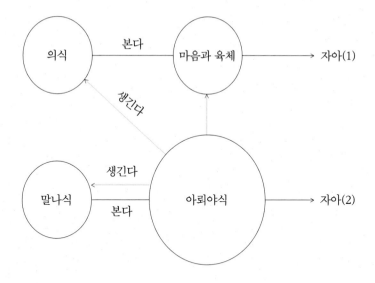

교통사고로 식물인간이 된 사람이라고 해도 식사를 하여 자기를 계속 유지하려고 한다. 의식의 저류에 자아집착심이 작용하는 증거이다. 이것을 유식사상에서는 제7말나식의 작용으로 돌린다.

자아의식을 정리하면 다음과 같다.

① 개념을 사용한 의식적인 자아의식, 제6의식의 작용
② 의식 저류에 있는 근원적인 자아의식, 제7말나식의 작용

이 중 ①의 자아의식은 아견(我見) 내지 유신견(有身見, 자아는 존재한다고 보는 견해)이라고 하며, 원시불교 이래로 설해지고 있다.

미국의 유명한 심리학자 윌리엄 제임스는 자아를 객아(客我, 알려지는 자아)와 주아(主我, 아는 자로서의 자아)로 나누고, 객아를 물질적 객아 · 사회적 객아 · 정식적 객아 세 가지로 나누었지만 이것들은 불교적으로 말하면 모두 ①의 의식에 의한 자아의식의 대상이다.

유식사상은 이와 같은 표층적 · 일상적인 자아의식을 더욱 깊이 파고들어, 그 안에 ②의, 이른바 선천적 내지 생리적이라고도 할 수 있는 근원적 자아의식의 존재를 발견했다.

말나식의 다른 이름은 '염오의(染汚意, kliṣṭaṃ manaḥ, 염오의 마음)'다. 이것은 말나식이 아치(我癡) · 아견(我見) · 아만(我慢) · 아애(我愛)라는 네 가지 번뇌를 수반하고 있기 때문이다. 말나식의 대상은 아뢰야식이라고 했지만 자세히 말하면, 그 대상에 관해서 그것을

① 아뢰야식의 심왕과 심소로 보는 설(난타)
② 아뢰야식의 견분과 상분으로 보는 설(화변)
③ 아뢰야식의 현행과 종자로 보는 설(안혜)
④ 아뢰야식의 견분이라고 보는 설(호법)

네 종이 있는데, 법상종에서는 마지막 호법의 설을 정의(바른 견해)라고 한다. 말나식이라는 개념은 언제 성립했을까? 많은 학자의 연구가 있지만, 아직 정설은 없다. 『해심밀경』은 유식사상을 설한 현존하는

168

가장 오래된 경전이지만, 적어도 이 경전 가운데에는 말나식 혹은 염오의 사상이 없다. 『유가사지론』에 말나식 사상이 있는지의 여부에 대해서는 학자 사이에 의견이 분분하지만, 말나식의 원형이 되는 생각이 있다고 보는 것이 타당할 것이다. 세친의 『유식삼십송』 중 '말라라고 이름지어지는 식(mano nāma vijñānam)'이 현존하는 문헌에서 가장 오래된 용어이다. 세친이 말나식이라는 개념을 명백히 제시한 것은 확실하다.

6) 삼성

우리들의 정신활동의 내용을 자세히 반성해보면, 다음 세 종류로 나눌 수 있다.

① 감각·지각·정서·사고 등의 심적 활동 그 자체
② 심적 활동에 의해서 인식된 대상
③ 객관과 주관의 이원적 대립을 소멸한 정신상태

장미꽃을 바라보는 것을 예로 들어보면, 장미라고 하는 감각, 그것은 장미라고 확인하는 지각, 그것이 어떤 종류의 장미인지 생각하는 사고작용 등이 ①의 심적 활동에 상당한다.

다음으로 '이것은 장미이다'라는 언어개념에 의해서 파악된 장미가

②이다.

③은 일상적으로는 거의 경험되지 않는 상태이지만, 예를 들어 장미꽃에 정신을 집중하여 장미와 내가 동일하게 된 상태, 바꾸어 말해서 장미라는 대상도 없고, 그것을 바라보고 있는 자기도 없어진 상태를 말한다.

유식사상에서는 이 세 가지 마음의 구조를 차례로 다음과 같이 부른다.

① 의타기성(依他起性)
② 변계소집성(遍計所執性)
③ 원성실성(圓成實性)

이것이 유명한 '삼성(三性)'설이며 아뢰야식에 이어서 중요한 유식 독자의 사상이다.

삼성의 설명에 들어가기 전에, 이 세 가지가 구체적으로 무엇을 가리키는가를 보자.

의타기성 - 제식(諸識)＝분별＝허망분별
변계소집성 - 경(境)
원성실성 - 진여(眞如)

'의타기성(依他起性, para-tantra-svabhāva)'이란 '다른 힘에 의해서 생기한 성질'이라는 의미이다. 다른 힘이란 앞에서 말했던 인연이다. 감각·지각·사고 등의 모든 심적 활동은 그들 자신의 힘 내지 의지에 의해서 생긴 것이 아니다. 장미 앞에 서서 눈을 뜨고 장미꽃이 흔들리는 등의 여러 조건(연)이 마침 작용하여 장미를 인식한다고 하는 심리 작용이 생기는 것이다.

우리들의 인식작용을 불교에서는 식(識, vijñāna)이라고 하며, 유식에서는 8종의 식을 세운다. 이것들을 정리하여, 분별·망분별(vikalpa)·허망분별(abhūta-parikalpa)이라고도 일컬어지는 데서도 알 수 있는 것처럼, 불교에서는 일상적인 우리들의 심적 활동들을 잘못된 것이라고 파악하는 경향이 강하다. 환언하면 언어를 사용한 개념적 사고의 오류성을 강조하는 것이다.

'변계소집성(遍界所執性, parikalpita-svabhāva)'이란 원어는 '사고된 성질'이라는 의미인데, 여기서 말하는 '사고되었다(parikalpita)'가 구체적으로는 어떤 것을 의미하는가가 문제이다. 현장은 '변계소집' 즉 '두루 널리 계탁하여 집착되었다'라는 말에서 보듯 파리칼피타(parikalpita)를 상당히 의역하고 있다. 학자들은 '구상된', '망상된' 등으로 번역하고 있지만, 요는 '언어를 가지고 이것은 무엇이라고 개념화되었다'라는 의미이다. 우리는 대체로 언어를 사용하여 무언가를 인식한다. 물론 본다, 접촉한다 등 순수하게 감각으로 이루어진 심적 작용도 이론적으로는 생각할 수 있지만, 우리들의 거의 모든 인식은 감각이나 지각, 혹은 정서나 사고 등이 일체가 되어 성립하는 복잡한 심리작용이다. 자기의 마음을 반성해도 대부분 언어를 사용해서 사물을 인식하고 있다는 것을 쉽게 알 수 있다.

여하튼 개념화된 사물(전문적으로는 境, artha), 특히 외계에 실재한다고 상정된 대상을 변계소집성이라고 한다.

마지막 '원성실성(圓成實性, pariniṣpanna-svabhāva)'의 원어는 '완성된 성질'이란 의미이지만, 현장은 원만·성취·진실의 세 가지 의미를 가진 것으로서 원성실성이라고 번역하고 있다. 그러나 간단히 말하면, 진제가 '진실성'이라고 번역한 것처럼 '진실한 것', '완성된 궁극의 것'을 의미한다. 즉, 인식하는 측면에서는 진실한 인식의 존재방식으로 이루어진 것이며, 인식되는 측면에서는 진실하고 절대적인것을 말한다.

유식사상에서는 궁극적 진실로서 다음의 두 가지를 생각한다.

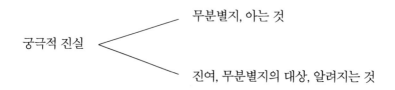

궁극적 진실 — 무분별지, 아는 것

진여, 무분별지의 대상, 알려지는 것

무분별지를 아는 것, 진여를 알려지는 것이라고 하는 것처럼 일단 진실을 주객으로 나누어서 생각하고 있지만, 이 양자는 완전히 같은 것을 가리키고 있음에 주의해야 한다. 앞에서 기술한 것처럼 자기와 장미가 일체가 되어 보는 자기와 보이는 장미라고 하는 주객의 대립이 없어진 것을 임시로 보는 측면을 무분별지, 보이는 측면을 진여라고 이름한다.

한마디로 말하면 원성실성이란 모두 것을 부정해버린 곳에 현현하는 고차원의 '진실한 것'을 말한다. 전문적으로는 '이공소현(二空所顯)의 진여'라고 한다. '인'이라는 자기존재와 '법'이라는 사물존재를 부정(공)한 곳에 나타나는 절대적 진리(진여)를 말한다.

이상 삼성의 설명은 여러 경전과 논서에서 설한 바를 집약한 것이며 실제로는 훨씬 더 복잡하게 논술되어 있다. 또한 경전과 논서에 따라 파악하는 방식의 상위 내지는 발전을 확인할 수 있다. 자칫 잘못하면 너무 전문적으로 보일 수도 있지만, 여러 경전과 논서가 설한 개요를 다음에 정리해두고자 한다.

	변계소집성	의타기성	원성실성
해심밀경	명언(名言)에 의해서 가립(假立)된 것	인연소생의 법	진여(眞如)
유가론			
현양성교론			
중변분별론	경 또는 소취·능취(식이 현현하여 유사한 것)	허망분별(虛妄分別), 망분별(妄分別), 식들	소취(所取) 능취(能取)의 무와 그 무의 유
대승장엄경론			
섭대승론			의타기성과 변계소집성의 무
삼성게			소취(所取) 능취(能取)의 무와 그 무의 유
유식삼십송	분별에 의해서 분별된 것		의타기성과 변계소집성의 무
성유식론			
전식론	명언에 의해서 현현한 것	능분별(能分別)의 식(인연소생의 법)	의타기성과 변계소집성의 불상리(不相離)
삼무성론			의타기성과 변계소집성의 무
현식론			진여(眞如)

이상 삼성을 개별적으로 설명했는데, 이 세 가지는 서로 무관한 것이 아니다. 유식사상은 '식'의 존재 외에는 인정하지 않는다. 또 삼성이란 앞에서 기술한 것처럼 우리들의 '인식의 존재방식'을 세 가지로 분류한 것이다. 이것을 생각한다면 삼성은 우리들의 인식, 즉 '식', 즉 삼성으로 말하면 '의타기성'을 기반으로 해서 아래의 그림과 같은 관계에 있게 된다. 의타기성 위에 변계소집성이 있으면 미혹의 세계가 되고, 의타기성 위에 변계소집성이 없으면 원성실성, 즉 깨달음의 세계가 된다.

위 그림을 현대적인 표현으로 바꾸어 설명하면 아래의 그림과 같이 된다.

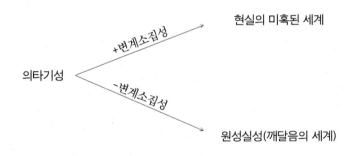

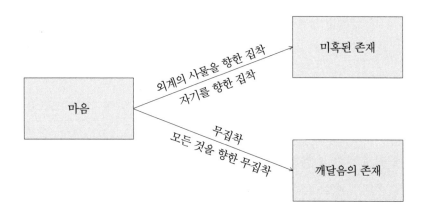

즉 우리들의 마음이 외계의 여러 사물, 예를 들면 돈이나 토지나 재산에 집착하고 자기의 출세에만 신경을 쓸 때, 현실은 실로 괴로움일 뿐이다. 재산욕이나 출세욕을 버리고 다시 자기에 대한 집착심을 버릴 때, 마음은 얼마나 상쾌할까!

여기서 '집착(執着)'이라는 말을 사용했지만 조금 더 깊게 생각해보면, 예를 들어 돈에 집착하는 것은 우리가 돈이라는 것이 현재 실재한다고 생각하고 있기 때문이다. 즉 사물이나 자기에 대한 집착이 일어나는 것은 비록 그것을 명료하게 알아채지 못한다고 할지라도 마음 깊은 곳에는 언제나

자기의 '마음'을 떠나서 외계의 사물이나 자기가 존재한다.

라는, 소위 선천적이라고도 할 수 있는 선입관이 가로놓여 있다. 이와 같은 일상적 마음의 존재방식을 '의타기성 위에 변계소집성이 있다'라고 한다.

그런데 외계의 사물과 자기를 비롯한 모든 것은 자신의 마음이 만들어낸 그림자에 지나지 않는다고 깨달을 때, 우리들은 왜 존재하지 않는 환영 등에 집착하는 것인가? 이러한 마음의 태도를 '의타기성에 있어서 변계소집성을 멀리 여읜다'라고 하며, 그것이 그대로 '원성실성'(진실한 마음의 태도, 깨달음의 경계, 눈뜬 세계)이 된다.

그렇다면 유식사상이 목표하는 바는 사물을 보는 우리의 방식을 어떻게 진실한 것으로 변혁할 것인가에 있다고 할 수 있다. 개괄하면 '사물을 보는 방식의 개혁'이야말로 불교가 지향하는 궁극적 목적이다.

그러나 사물을 보는 방식의 개혁은 그렇게 간단하게 이루어지는 것이 아니다. 경전 혹은 타인으로부터 '돈에 집착하지 마라'라고 가르침을 받는다고 곧바로 집착심이 없어지는 것은 아니다. 오랜 기간에 걸친 노력으로 마음의 밑바탕에서부터 집착심을 없애지 않는 한, 유식적으로 말하자면 마음의 근원인 아뢰야식 그 자체의 존재양식을 변혁하지 않는 한 선천적이라고도 할 수 있는 인간 본래의 집착심을 버리는 것은 불가능하다.

사물을 보는 방식을 바꾸는 것은 말할 것도 없이 아뢰야식이라는 자기의 근원을, 아니 존재 전체의 근원을 변혁하는 것이다.

7) 삼무성

앞에서 삼성설과 삼무성설은 『반야경』이 설하는 공사상의 새로운 전개라고 말했지만(46쪽 참조), 위에서 기술한 삼성이 동시에 공의 측면을 갖기 때문에 그것은 공사상의 새로운 전개라고 할 수 있다. 이 삼성설을 부정하는 측면이 삼무성설이다. 삼성과 삼무성은 표리의 관계에 있다고 말할 수 있고, 동일한 것을 관점을 바꾸어 표현한 것에 지나지 않는다. 삼무성이란 다음의 세 가지를 말한다.

삼무성(三無性)　　　　　삼성(三性)
상무성(相無性) ---------- 변계소집성(遍計所執性)
생무성(生無性) ---------- 의타기성(依他起性)
승의무성(勝義無性) ------ 원성실성(圓成實性)

상무성(相無性, lakṣaṇa-niḥsvabhāvatā)은 변계소집성에 대해서 말하는 것이다. 상무성의 상(相, lakṣaṇa)은 범어로 sva-lakṣaṇa(자상), sva-rūpa(자체) 등을 뜻하며 또한 自相·体相·相貌 등으로 한역되기 때문에 상의 의미를 한 가지로 정의하기가 곤란하지만, 우리의 심적 활동으로 인식되고 개념이 설정된(변계소집된) 사물에 고유한 특질·존재 양식을 의미한다고 생각해도 좋을 것이다. 예를 들면 '불'을 '불'이게끔 하는 고유한 특질은 '따뜻함'이다. 그러나 변계소집된 것에는 그와 같

178

은 상이 없다는 것이 상무성이다. 즉, 우리들은 '불은 따뜻하다'고 하지만 불에는 '따뜻하다'는 특질(相)이 없다. 불만 아니라 우리들이 보거나, 듣거나, 생각하는 모든 사상(事象)에는 그들 사상을 사상이게끔 하는 고유한 특질이 존재하지 않는다. 왜냐하면 그들 특질은 허망하게 분별된 것(변계소집된 것)이기 때문이다.

사물을 사물이게끔 하는 특질이 없다면 그 사물은 성립하지 않는다, 즉 존재하지 않는다. 따라서 변계소집성이 상무성이라고 하는 것은 말할 것도 없이 변계소집성의 존재성 그 자체가 부정되는 것이 된다. 변계소집성이 필경 무라고 하는 표현을 써서 철저하게 그 존재성이 부정되는 이유이다.

생무성(生無性, utpatti-niḥsvabhāvatā)이란 의타기성에 대하여 말하는 것이다. 의타기성이란 앞에서 말했던 것처럼 인과 연에 의해서 생긴 것으로, 어느 정도의 존재성을 갖는다. 그러나 인과 연이라는 다른 힘에 의해서 생긴 것이며, 자기의 힘 그 자체에 의해서 생긴 것은 아니다. 이것을 전문적으로는 자연유(自然有, svayaṃ-bhāva)가 아니라고 하는데, 그래서 의타기성은 자연유가 아닌 생무성이다.

우리들은 이렇게도 생각하고 저렇게도 생각한다. 그러한 생각은 생각 자신이 자기의 힘으로 생기려고 생각하여 생긴 것은 아니다. 개략적으로 말하면 자기 존재의 어떤 부분을 취하여도 자기 자신으로 자기를 통제하는 힘이 없는 어쩔 수 없는 속박상황을 생무성이라는 말로 표현했다고 할 수 있다.

마지막 승의무성(勝義無性, paramārtha-niḥsvabhāvatā)이란 원성실성에 대해서 말하는 것이다. 승의무성은 상무성(상이 없다), 생무성(생이 없다)과는 달리 승의가 그대로 무성(勝義卽無性)인 점에 주의해야 한다. 즉, 원성실성이란 진여라는 최고(parama)의 진리(artha)이기 때문에 승의(paramārtha)라고 한다. 그러나 동시에 그 승의는 '일체제법의 무아성', '일체법의 무자성', '소취·능취의 무'이기 때문에 무성(niḥsvabhāvatā)이라고 한다.

유식사상에서 말하는 궁극적 진리(원성실성)의 긍정적인 측면과 부정적인 측면이 이 승의무성이라는 한마디 말로 언표되는 것이다.(185쪽 이하 참조)

5. 궁극적 진리

1) 진리

진리라는 말은 무언가 숭고한 마음을 불러일으킨다. 그러나 우리는 이 말을 의외로 가볍게 사용한다. 예를 들면 '자네가 말하고 있는 것은 진리야'라는 식이다. 좀 더 고급스러운 의미로서 '진리는 절대다', '진리를 위하여 죽는다'라는 경우의 진리가 있다. 여하튼 우리들은 '진리'를 논할 때, 어느 차원의 진리를 문제시하고 있는가를 명확하게 할 필요가 있다.

'진리'라는 말 그 자체의 정의도 의외로 애매하다. 보통 영어의 truth, 독일어의 Wahrheit를 진리라고 번역하지만 이 '진리'라는 한자어는 본래 불교 용어이고, 자세히는 '진실한 이치'라는 의미이다. 그리고 '리'란 보통 '사(事)'와 '리(理)'라는 상대개념으로 사용된다. '사'는 구체적인 사상을 말하며 '리'는 그와 같은 사상의 배후에 있는 도리 내지 본성을 말한다. 지금 '도리', '본성'이라는 말로 '리'를 바꾸어놓았지만, 더 구체적으로 말하자면 사상(事象)의 본래적인 존재방식이라고도 할 수 있는 것이 아닐까. 하나의 예를 들어보자.

사(事): 일체제법
리(理): 무상 · 무아 · 고

우리들이 보거나 듣거나 느끼는 모든 현상적 존재(일체제법)의 본래적인 존재방식은 언제나 생멸 변화하여 멈춤이 없으며(무상), 고정적 · 주체적인 실체가 없고(무아), 고인 것 이외에 어떠한 것도 아니라는 것이다. 즉 모든 사상의 진리는 무상 · 무아 · 고라고 한다.

그런데 '리'를 실체적으로 파악하여, 사상의 배후에 있으면서 사상을 사상이게끔 하는 것, 나아가 사상을 생기게 하는 근원으로까지 생각하는 입장이 있다. 이 입장은 사와 리를 다음과 같이 본다.

사(事): 유위법(有爲法)
리(理): 진여(眞如)

진여의 원어는 tathatā이며, '있는 그대로 존재한다'라는 의미의 명사형이다. 따라서 진여의 원뜻은 사물의 본래적 존재양식을 나타내는 것이지만, 진여라는 말을 쓸 때는 사상의 배후에 존재하는 진리를 실체

182

적·사물적인 것으로 파악하려는 경향이 강하다.

이와 같은 맥락에서 우리들은 진리라는 말에 대하여 다음과 같은 두 가지 의미를 구별하지 않으면 안 된다.

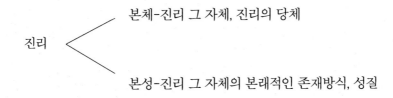

진리

본체-진리 그 자체, 진리의 당체

본성-진리 그 자체의 본래적인 존재방식, 성질

본체와 본성으로 나누었지만 양자는 본래 하나다. '성(性)'은 '체(體)'를 떠나서는 존재하지 않는다. 예를 들면 물의 찬 성질은 물 그 자체를 떠나서는 성립하지 않는 것과 같다.

앞에서 말한 것처럼 진리에는 본체와 본성의 두 측면이 있지만, 예를 들면 '진여'의 경우 이 한 단어 속에 본체와 본성 두 가지가 포함되어 있다고 보아야 할 것이다.

본래 절대적 진리는 하나이며 말이나 개념으로는 결코 나타낼 수 없는 것이다(그것을 不可言說, 不可思議, 言亡慮絶, 言語道斷, 廢詮談旨 등이라고 한다). 차고 뜨거운 것을 스스로 아는(冷暖自知) 것처럼 절대적 진리는 자기 자신의 증지(自內証) 이외에는 그것을 알 길이 없다.

그러나 타인에게 그것을 전하는 경우에는 의사소통을 위해 그것을 굳이 말로 표현할 수밖에 없다. 그 경우 진리의 어떤 특성을 강조하는가에 따라 여러 가지 언어로 표현된다.

유식유가행파에도 진리에 대한 수많은 표현이 있다. 그 주된 것을 제시하면 다음과 같다.

진여＝원성실성＝공성＝실재(bhūta-koṭi)＝무상(animitta)＝승의 (paramārtha)＝법계(dharma-dhātu)

2) 진리가 되다

진리에는 본체와 본성 두 가지가 있다는 것을 살펴봤지만, 어느 쪽이든 진리는 우리 인간의 마음과 관계없이 논할 수 없다. 인간의 마음을 떠난 진리 따위는 마치 산중에 묻혀 있는 보석처럼 무가치한 것이다. 서양에서도 진리란 '관념과 사물의 일치' 혹은 '인식과 대상의 일치'라는 유명한 정의가 있으며, 인식주체의 관여가 중요한 요소이다.

불교에서는 이 인식주체가 관여하는 비중이 서양 이상으로 더욱 철저하다. 서양에서는 진리가 마음으로 발견하고 인식하는 것이라고 여겨진다. 이데아는 이성으로 상기되고, 신은 직관적 이성에 의해서 관상(theoria)되는 것이다. 신을 궁극적 진리라고 하는 기독교에서는 신과 인간은 어디까지나 격절(隔絶)되어 있어 인간은 신을 보고 진리를 볼 수밖에 없다고 한다.

이에 대하여 불교가 설하는 진리는 어떤가. 결론부터 먼저 말하면 불교에서는,

　　자기가 진리가 된다.

고 한다. 불교의 궁극적 진리는 '불', '열반', '공성', '진여' 등으로 표현할 수 있는데, 요는 자기가 '부처가 된다', '열반에 든다', '완전한 공이된다', '진여와 일체가 된다'는 것이다.

특히 식의 존재, 즉 자기 '마음'의 존재 이외에는 인정하지 않는 유식사상에서 진리는 절대로 마음을 떠나 존재하지 않는다. '진리(진여)'는 '마음의 본성(식의 실성)'이다. 따라서 진리를 발견한다(증오한다)는 것은 틀림없이 마음을 변혁해서 그와 같은 본성이 되는 것이다.

3) 진리의 부정적 측면과 긍정적 측면

불교는 일반적으로 진리를 부정적으로 표현한다. '무상'도 '무아'도 그렇다. 유명한 공(空, śūnya)이란 말은 원래는 제로(0)라는 의미이다, 열반(nirvāṇa)이라는 것도 '불이 꺼진 상태'를 말한다.

부정으로 점철된 것이 공의 논리로 근거를 삼는 『반야경』의 사상이며, 그것을 실천하고 이론화한 사람들이 중관파이다. 그러나 중관사상이라 하더라도 모든 것을 부정한 곳에 나타나는 긍정적인 무엇인가를

'진공묘유(眞空妙有)', '제법실상(諸法實相)'이라는 말로써 표현하고
있다.

　지금 여기에 가스가 충만한 탱크에서 진공펌프로 가스를 전부 제거
하는 경우를 생각해보자.

　가스가 없어진 탱크의 내부는 다음 두 가지 특성을 가지고 있다.

　① 가스는 없다(공이다).
　② 진공이라는 상태가 있다.

　즉, 가스는 없다(無)라고 하는 일면과 동시에 진공이 있다(有)라고
하는 일면을 갖추고 있는 것이다. 불교에서 설하는 '공'이나 '무'를 앞
에서 설명한 두 가지 측면 가운데 ①의 입장만으로 파악한다면 자칫
잘못하여 허무주의로 빠질 위험이 있다. 그러나 불교가 설하는 '공'이

나 '무', 즉 진리는 단순한 부정만이 아니다. 부정해버린 곳에 현전하는 새로운 무엇인가를 긍정하는 것이다.

그러한 의미로 유식사상에서는 공성에

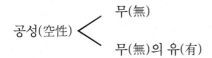

공성(空性) < 무(無)
           무(無)의 유(有)

라는 두 측면이 있음을 강조한다.

예를 들면 무란 소취·능취가 없는 것이며, '무의 유'라는 것은 소취·능취가 없다는 것이 있는 것이다.

물론 이 '무의 유'는 단지 머릿속에서 생객해낸 것만은 아니다. 그것은 반드시 체험에 의해 뒷받침된 것이다. 마음껏 운동을 한 다음 혹은 무언가에 마음을 기울여 해낸 다음에 오는 상쾌함과 거리낄 것 없이 거울처럼 투명한 마음 - 그것은 일상의 자기와는 다른 새로운 자기의 탄생이다.

불교의 일대 목적은 현실의 괴로움에 가득 찬 자신을 부정하여 안락함으로 가득 찬 새로운 자기가 되는 것이다.

인식적으로는

없는 것을 있다고 보고 있는 것을 없다고 보는 오류에 가득 찬

인식(전도된 견해)을 변혁하여 사물을 있는 그대로 보는(如實知
見) 힘을 기르는 것

이며 존재적으로는

　　자기존재의 근원인 아뢰야식으로부터 거기에 부착하고 있는 더
러움을 완전하게 제거하여 자기를 근원으로부터 청정한 것으로 변
혁하는 것

이다.

4) 근원적 변화(轉依, 四智)

외계에 사물과 자기가 실재한다고 보는 착각을 없애는 것이 유식사
상의 목적이다. 즉,

　　① 안식에서 신식에 의한 감각작용
　　② 의식에 의한 지각·사고작용을 고치지 않으면 안 된다. 나아가
　　③ 말나식에 의한 잠재적인 자기 집착작용을 없애지 않으면 안
된다. 나아가 안식 내지 말나식의 식 일곱 가지는 아뢰야식에서 생
겨난 것인 이상,

④여러 가지 인식작용의 근원인 아뢰야식 그 자체의 인식작용까지도 올바른 것으로 변혁하지 않으면 안 되는 것은 당연하다.

위에서 기술한 4종의 정신작용을 정리하여 '식'이라고 할 수 있다. 식은 우리들의 오류에 가득찬 일상적인 인식작용이다. 이 인식작용을 변혁하여 사물을 진실하게 보는 능력, 즉 '지(智)'를 갖추지 않으면 안 된다. 식에서 지로 변화는 과정을 '전식득지'(轉識得智, 식을 전환하여 지를 얻는다.)라고 한다. 상세하게 말하면 위에서 기술한 4종의 식을 각각 변화시켜서 다음과 같은 4종의 지혜(四智)를 얻는 것이다.

전식득지

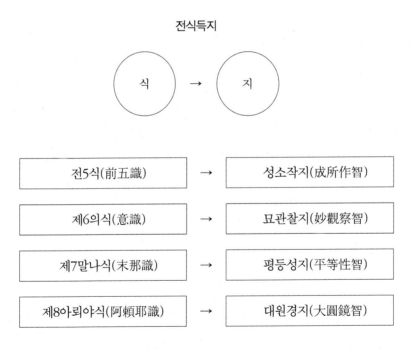

전5식(前五識)	→	성소작지(成所作智)
제6의식(意識)	→	묘관찰지(妙觀察智)
제7말나식(末那識)	→	평등성지(平等性智)
제8아뢰야식(阿賴耶識)	→	대원경지(大圓鏡智)

이와 같이 제식(諸識)을 변화시켜서 제지(諸智)를 얻는 것을 '전의'(轉依, āśraya-parāvṛtti)라고도 한다. 전의는 자세히 말하면 '소의를 전변한다'라는 것이다. 소의란 의타기성인 제식을 말하지만 특히 그 근본인 아뢰야식을 가리키는 경우가 많다. 즉, 전의란 '아뢰야식을 전변하는 것'이다.

『성유식론』권 제10에서는 다음의 4개의 측면에서 전의를 고찰하고 있다. 그때까지의 전의사상을 통합하여 전의의 구조를 탁월하게 정리한 것이다.

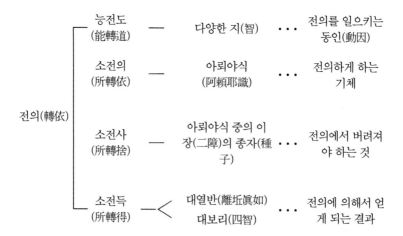

위의 그림 가운데 마지막의 소전득(所轉得)을 좀 더 자세히 말하자면,

①번뇌장(煩惱障, 우리들을 생사에 유전(流転)하게 하는 번뇌로서, 이것이 있기 때문에 해탈을 얻는 것이 방해된다)의 종자를 끊어 대열반을 얻는 것

②소지장(所知障, 지적 이해를 방해하는 무지로, 이것이 있기 때문에 일체지자가 될 수 없다)의 종자를 끊어 대보리를 얻는 것

이라고 한다. 여기서 주목해야만 하는 것은 유식사상이 목표하는 최고의 경지인 진리가 '보리(菩提, bodhi)' 즉 '사지(四智)'라고 하는 지적인 영역과 관련되고 있다는 것이다. 우리가 단순하게 번뇌를 없애고, 이른바 존재적으로 생사윤회의 진흙탕에서 탈출하는 것만으로는 충분하지 않다. 다시 그 위에 인식적으로도 속박에서 벗어나 진실을 꿰뚫어보는 능력을 지니지 않으면 안 된다.

5) 궁극적 진리를 향한 길-유식의 실천

궁극적 · 절대적 진리는 머릿속에서 개념적으로 파악될 수 있는 것이 아니다. 그것은 오랫동안 신심을 바친 실천을 통해서 비로소 얻어

진다.

유식사상의 목적은 존재하는 것은 오직 '식'뿐임을 깨닫고 그 '식'을 '지'로 전환해 원성실성이 되는 것, 혹은 바꾸어 말하면 진여를 깨닫는 것이지만, 이것도 여러 단계로 나누어진 실천을 통해서 비로소 도달할 수 있다.

여기서 유식유가행파의 수행 계위를 간략하게 설명해보고자 한다. 유식유가행파의 실천은 당연히 그때까지의 수많은 실천을 그대로 이어받고 있지만 또 다른 한편 '일체는 오직 식에 지나지 않는다'라는 근본명제에 바탕을 둔 유식독자의 수행방법을 설하기에 이르렀다. 그것을 최초로 정리한 것이 세친의 『유식삼십송』 중 제26송에서 제30송까지이며, 그것을 종래의 수행계위에 맞추어 정리한 것이 『성유식론(成唯識論)』이다. 이제 『성유식론』에 설하는 바에 따라 그 요점만을 말해보자.

먼저 다음 표에 따른 수행의 계위를 표시해본다.

(1) 자량위(資糧位)

무상보리(최고의 깨달음)를 얻기 위한 양식으로서, 복덕과 지덕을 쌓는(자량) 단계를 말한다. 보리심을 발한 이후 자기 자신이 아직 완전한 유식적 대상(유식성)이 되지 못하는 상태를 말한다. 이 계위에서는 다음의 네 가지 힘에 의해서, '모든 것은 오직 식에 지나지 않는다'고 하는 도리(유식의 이치)를 깊이 믿고 이해하게 된다. 그 네 개의 힘

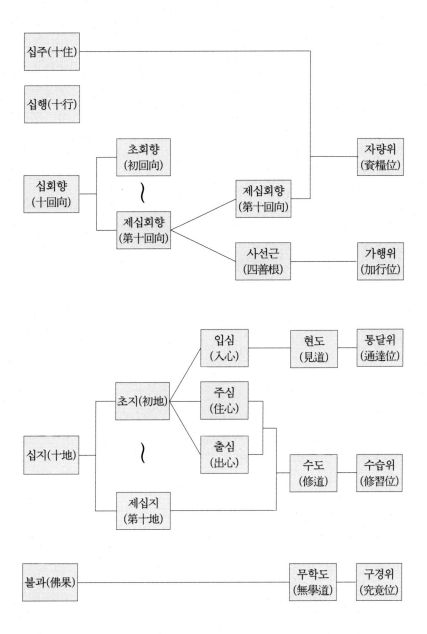

이란 다음과 같다.

①인력(因力): 본성주종성(本性住種姓, 선천적으로 갖추고 있는 무루의 종자)과 습소성종성(習所成種姓, 진리의 세계로부터 흘러나온 가르침, 즉 법계등류의 정법을 듣고 훈습한 무루의 종자)

②선우력(善友力): 부처나 보살 등 뛰어난 인물을 만나 가르침을 받는 것

③작의력(作意力): 자기의 내부에서 가르침을 숙고하고, 마음 깊이 이해하는 것

④자량력(資糧力): 복덕자량(福德資糧, 보시 등의 선한 행위를 실천함으로써 얻어진 저축)과 지덕자량(智德資糧, 지적인 측면의 저축)

이 계위에서는 유식이라는 이론을 지적으로는 이해할 수 있지만 아직 객관과 주관의 이원적 대립을 멸할 수가 없는, 주로 외계의 사물이나 사람들에게 선한 행위를 행하면서 궁극적 진리에 도달하기 위해 준비를 하는 것이다.

본성주종성이라는 자기 내부에 갖추어진 이른바 선천적인 힘이 먼저 필요하지만, 그것에 덧붙여 바른 가르침을 듣고 뛰어난 인물을 만나는 등 외부 작용을 중요시하고 있는 점에 주목해야 한다.

이 계위에서는 작용이 거친 분별기(후천적)의 번뇌장과 소지장의 현행(활동체)을 굴복시킨다.

(2) 가행위

자량위 다음의 계위인 가행위란, 다음의 통달위에서 진여를 깨닫고 유식성을 완전히 성취하고자 한층 더 노력하는 계위를 말하며, 구체적으로는 란(爛) · 정(頂) · 인(忍) · 세제일법(世第一法) 4개의 계위(四善根)를 말한다.

이 계위에서는 유식사상의 독자적인 관법인 '사심사(四尋思)'와 '사여실지(四如實智)'를 닦는다.

이 가운데 사심사란 모든 인식대상(소취)을 다음 네 가지로 나누어 그들 각각이 '임시(假) 존재에 지나지 않고, 실재하는 것이 아니다(가유실무).'라고 사색하는(尋伺, paryeṣaṇā) 수행방법이다. 그 네 개란 다음과 같다.

① 명(名): 상호를 지시하는 언설
② 의(義): 언설로 지시되는 사물
③ 자성(自性): 언설(명)과 사물(의)의 자체 그것
④ 차별(差別): 언설과 사물 여러 가지 특수한 존재방식

이 네 가지를 가지고 우리들이 견문각지(見聞覺知)하는 여러 대상

을 모두 포괄할 수가 있다. 또한 사심사란 그 하나하나가 '자기의 마음이 만들어낸 것에 지나지 않으며 식을 떠나 외계에 실재하는 것은 없다'고 사색하여 관찰하는 관법이다.

다음으로 사여실지란, 이상의 네 가지 사색을 통해 '인식대상(소취, 명·의·자성·차별)은 그것을 인식하는 마음(식)을 떠나 존재하는 것이 아니며, 나아가 그 인식하는 마음(능취의 식) 자체도 존재하지 않는다'고 여실하게 아는(yathābhūtaparijñāna) 지혜를 말한다. 즉 사색(심사)의 결과로서 객관도 주관도 존재하지 않는다(境識俱泯)라고 지적으로 깨닫는 것이다.

이 계위에서는 분별기(分別起, 후천적)의 소지장과 번뇌장 2장의 현행을 굴복시키지만 그들 종자 및 구생기(俱生起, 선천적)의 종자 2장과 현행은 굴복시킬 수가 없다. 다만 구생기 가운데에서도 거친 현행은 굴복시킬 수가 있다.

(3) 통달위

가행위에서 사심사와 사여실지를 수행하여 원래 자기 내부에 있는 무루의 종자(본유무루종자)를 싹 틔우고, 무루의 근본무분별지를 일으켜 진여를 깨닫는 계위를 말한다. 십지에서 말하면 초지의 입심(入心, 초지에 든 최초의 1찰나의 마음)에 해당하며, 이른바 '견도'를 말한다. 그때까지 많은 노력이 쌓이고 쌓인 결과 폭발적으로 궁극적 진리(진여)를 본다. 즉 체득하는 계위를 말한다.

상세하게 말하면 견도는 근본무분별지에 의해서 이공소현(二空所顯)의 진여, 즉 유식의 성을 증득하는 '진견도(眞見道)'와, 또 하나는 근본무분별지를 얻은 후의 후득지를 통해 유식의 상을 증득하는 '상견도(相見道)'로 나누어진다. 후자는 전자를 한층 더 깊이 체험하기 위한 것이다. 이 견도에서는 분별기의 종자 2장을 단절하고 다시 습기(習氣)마저도 버린다.

번뇌를 멸하는 과정이 다음 세 단계로 나누어지는 데 주목해야 한다.

① 현행을 굴복시킨다.
② 종자를 끊는다.
③ 습기를 버린다.

물론, ③의 단계에 이르러 비로소 번뇌는 근본적으로 제거되는 것이다.

(4) 수습위

견도 후 견도에서 끊을 수 없었던 번뇌를 차례로 끊어가는 계위를 말한다. 십지로 말하면 초지의 주심(住心)부터 제십지의 출심(出心, 金剛喩定)까지를 말한다.

이 각각의 십지에서 차례로 하나의 바라밀을 실천하여, 하나의 중장

(重障)을 끊고, 하나의 진여를 증득해간다. 초지에서는 앞에서 말했던 것처럼 분별기의 종자 2장을 끊어 습기를 버리고, 제이지부터 제십지까지는 소지장 중 구생기의 종자 일부분을 끊어 습기를 버린다. 그리고 제십지의 최후의 마음, 즉 금강유정에서 구생기의 미세한 2장의 종자를 갑자기 끊는다(頓斷). 여기에 이르러 아뢰야식의 가운데에 있는 2장의 종자 모두를 끊고 다시 그 습기(종자의 기분, 향기)까지도 버리고 다음 찰나에 부처의 계위 즉 구경위에 도달한다. 이것을 전의를 증득한다고도 한다.

(5) 구경위

자량위에서 시작해 가행위, 통달위, 수습위의 순으로 이어지는 수행을 통해 우리들은 자기의 오염된 영역을 차츰 정화한 다음 수습위의 마지막에서, 앞에서 말했던 것처럼 모든 이장의 종자를 끊어버리고 부처가 된다. 이 최종적인 부처의 계위를 구경(究竟)이라고 한다. 그리고 구경위에서 얻어지는 것을 이른바 '이전의(二轉依)의 묘과(妙果)'라고 하는데, 다음 두 가지를 말한다.

① 번뇌장을 끊어서 얻어지는 대열반
② 소지장을 끊어서 얻어지는 대보리

이 가운데 대열반은 다시 다음 4종으로 나누어진다.

① 본래자성청정열반: 모든 존재의 궁극적 진리인 진여 그 자체를 말한다.

② 유여의열반: 번뇌장을 끊어 나타나는 진여이지만, 아직 이 세상에 육체가 계속해서 존재하는 상태를 말한다.

③ 무여의열반: 번뇌장을 끊어 나타나는 진여이며, 육체마저도 멸해버린 상태를 말한다.

④ 무주처열반: 소지장을 끊어 나타나는 진여이며, 대비와 반야의 두 개의 도움을 받아 생사와 열반에 머무르지 아니하고, 사람들의 구제를 위하여 계속 활동하는 상태를 말한다.

대보리는 유식사상, 넓게는 대승불교가 목표하는 궁극적 진리이며, 지적인 의미에서의 깨달음을 말한다. 이 보리(bodhi)에는 사지(四智)가 상응한다.

이상으로 유식사상의 실천방법을 『성유식론』의 설에 따라 간단하게 기술했지만, 유식의 실천은 이것이 전부는 아니다. 그러나 그 실천의 본질은, 지금까지 거듭 말해왔던 것처럼 요약하면,

자기의 마음을 떠나, 외계의 사물은 존재한다.

라는 잘못된, 그러나 우리들에게는 상식인 견해(집착)을 없애기 위해

서 노력하는 데에 있다. 바꾸어 말하면,

모든 사상이나 존재는 다 자기의 마음이 만들어낸 것에 지나지
않는다.

라는 견해를 키우는 것이며 다시,

그러한 모든 사상이나 존재를 만들어내는 마음 그 자체도 존재
하지 않는다.

라는 상태까지 자기의 존재방식을 고양하는 것이다. 환언하면, 자기의
근원적인 존재(아뢰야식)의 존재방식을 미혹에서 깨달음으로 변혁하
여 자기존재 전체가 궁극적 진리를 증득하고, 나아가 진리와 하나 되
는 데에 유식 실천의 본질이 있다고 할 수 있다.

　이 책을 번역하게 된 계기는 출판을 염두에 둔 것이 아니었다. 대학
원에서 유식(唯識) 분야 연구에 뜻을 두게 된 유리 양을 위해 도움이
될 만한 텍스트를 찾다가 우연히 눈에 뜨인 것이 이 책이었다.

　일주일에 한 번씩 만나 한 학기 정도 읽으니 번역이 완료되었다. 유
식사상을 처음으로 배우려고 하는 사람뿐 아니라 대승불교의 교리나
학문에 관심을 가진 사람에게도 좋은 길잡이가 되리라는 생각이 들
었다.

　그래서 저자인 요코야마 고이츠(橫山紘一) 선생에게 한국에서 번
역·출판 관계를 의논하였더니 선뜻 허락해주시고 한글판 서문까지
보내주셨다. 그리고 부산 출판계에 커다란 역할을 하고 있는 산지니의
강수걸 사장께서 출판을 맡아주시기로 하여 이 책이 세상의 빛을 보게
된 것이다.

　관계된 모든 분들에게 감사드리며, 지금 인도 다람샤르에 머물며 티

베트어로 된 유식 관련 자료를 조사·연구하고 있는 유리 양이 이 분야에 대한 새로운 학문적 업적과 성과를 기대하는 바이다.

2013년 금정산 아래 연구실에서

金井山人 김용환 合掌

| 참고문헌 |

1. 개론서

핫토리 마사아키(服部正明)·우에야마 슌페이(上山春平),『인식과 초월』,
    각천서점, 1970년.

유키 레이몬(結城令聞),『심의식론에서 본 유식사상사』, 동양문화학원 동
    경연구소, 1935년.

우에다 기붕(上田義文),『불교사상사 연구』, 영전문창당, 1951년.

후카우라 마사후미(深浦正文),『유식학 연구』, 상하 2권, 영전문창당,
    1954년.

스즈키 무네타다(鈴木宗忠),『유식철학개설』, 명치소원, 1957년.

호사카 료쿠생(保坂玉泉),『유식근본교리』, 홍맹사, 1960년.

다나카 준쇼(田中順照),『공관과 유식관』, 영전문창당, 1963년.

우에다 기붕(上田義文),『유식사상입문』, 아소카서림, 1964년.

하나다 료운(花田凌雲),『유식론 강의』, 명저출판, 1976년.

호나바시 나오야(舟橋尚哉), 『초기유식사상의 연구』, 국소간행회, 1976년.

후키하라 쇼신(富貴原 章信), 『일본유식사상사』, 대아당, 1944년.

후키하라 쇼신(富貴原 章信), 『일본중세유식불교사』, 대동출판사, 1975년.

2. 유식논서의 연구서

우이 하쿠주(宇井伯壽), 『유가론연구』, 암파서점, 1958년.

우이 하쿠주(宇井伯壽) 역, 『대승장엄경론 연구』, 암파서점, 1961년(범문
　일역본).

우이 하쿠주(宇井伯壽), 『섭대승론 연구』, 암파서점, 1935년.

우이 하쿠주(宇井伯壽) 역, 『사역대조 유식이십론 연구』, 암파서점, 1953
　년(범문 일역본).

우이 하쿠주(宇井伯壽) 역, 『안혜, 호법 유식삼십송석론』, 암파서점, 1952
　년(범문 일역본).

야마구치 스스무(山口益) · 노자와 조수쇼(野沢静澄), 『세친유식의 원전해
　명』, 법장관, 1953년(세친의 유식이십론과 안혜의 유식삼십송석소의
　범문 일역본, 조복천의 석소의 일역 수록)

야마구치 스스무(山口益) 역, 『중변분별론석소』, 영목학술재단, 1966년(범
　문 일역본).

우이 하쿠주(宇井伯壽), 『진나저작의 연구』, 암파서점, 1959년.

3. 일반인을 위한 번역서

다마키 고우시로(玉城康四郎) 역,『화엄경』(대승불전 축마서방), 1976
년.

이와모토 유타카(岩本裕),『화엄경』불교성전승 제 5권, 대승경전 3, 동매
신문사, 1976년.

나카오 가진(長尾雅人) 역,『중전과 양국단의 변별』(중변분별), 세계의 명
저 2 대승불전, 중암공론사, 1967년.

가지야마 유이치(梶山雄一) 역,『이십시편의 유식론』(유식이십론), 세계
의 명저 2 대승불전, 중암공론사, 1967년.

나카오 가진(長尾雅人)·가지야마 유이치(梶山雄一)·아라마키 노리토시
(荒牧典俊) 역,『유식이십론, 유식삼십론, 보삼성론, 중변분별론』대승불
전 15 세친논집, 중앙공론사, 1976년.